ヒロスケ 長崎ぶらぶら歩き

まちなか編～町に人あり、人に歴史あり

はじめに

長崎のまちは歩くことでその歴史と出会います。
長崎のまちは歩くことでその文化を体感できます。
長崎のまちは歩くことでその人とつながります。
　私は思います。
長崎のまちほどその時代にタイムスリップしたくなるまちはないのだと…。
　長崎の市街地を歩きます。
この本といっしょに市街地を歩きます。何層にも歴史を重ねてきたまちに多くの人々が登場します。なにげない街角にも必ず人の生活があります。
　人がまちをつくりますが、長崎はまちが人を創ります。まちが存在する理由、また、人の存在理由を知ることで新たな長崎を感じてほしいと思います。
　そして、みなさんも長崎のまちを創ってほしいと思います。

　案内人　山口広助

ヒロスケ 長崎ぶらぶら歩き
まちなか編〜町に人あり、人に歴史あり

目次

【第1章】駅前周辺 ………………………………………… 04
①上町（斎藤茂吉、江上瓊山、西利三郎の地蔵尊）………… 06
②筑後町（勝海舟、渡辺庫輔、大塚恵暢）…………………… 08
③中町（富永さんの地蔵尊、聖トマス西と十五殉教者）…… 10
④大黒町（小川源四郎）……………………………………… 12
⑤恵美須町（高龍と呉眞）…………………………………… 13
⑥玉園町（上野初太郎、じゃがたらお春）………………… 14

【第2章】市役所周辺 ……………………………………… 16
①魚の町（古賀重太郎、武基雄、かめ女）………………… 18
②勝山町（松田雅典、橘周太）……………………………… 20
③八百屋町（佐多稲子）……………………………………… 22
④桜町（宮崎雅幹、川崎時五郎）…………………………… 23
⑤金屋町（後藤象二郎、山内善三郎）……………………… 24
⑥栄町（松田源五郎、西道仙）……………………………… 26

【第3章】県庁周辺 ………………………………………… 28
①築町（肥塚家、岡田篤所）………………………………… 30
②樺島町（高尾と音羽）……………………………………… 32
③江戸町（楢林鎮山、川添甚兵衛）………………………… 34
④興善町（向井元升、向井去来、三浦梧門、吉雄圭斎、吉村迂斎、
　　　　末次興善）……………………………………………… 36
⑤五島町（ルイス・五島玄雅、倉田次郎右衛門、古賀十二郎）… 38
⑥万才町（吉雄耕牛、志筑忠雄、本木昌造）……………… 40
⑦賑町（何高材）……………………………………………… 42

【第4章】宮ノ下周辺 ……………………………………… 44
①馬町（山之邊寅雄）………………………………………… 46
②炉粕町（佐々木祐俊）……………………………………… 47
③古町（河村嘉兵衛、妙了）………………………………… 48
④今博多町（岸村夫妻、川上久右衛門光房）……………… 49
⑤桶屋町（園山善爾、唐津久兵衛、福澤諭吉）…………… 50
⑥大井手町（岡正養、岡正敏、岡正恒）…………………… 52
⑦出来大工町（卜意、笠原田鶴子）………………………… 53

長崎游学マップ⑫

【第5章】伊勢宮周辺 ··· 54
- ①伊勢町（大神甚次郎）···························· 56
- ②麹屋町（中村三郎）······························ 58
- ③八幡町（木下逸雲、凸助）······················ 60
- ④新大工町（本木昌造、帯谷宗七）·············· 62

【第6章】中通り周辺 ··· 64
- ①諏訪町（山本森之助、安中半三郎、山本健吉、八百屋お七）······ 66
- ②古川町（萩原祐佐、池原日南）／東古川町（田中田士英）／
  銀屋町（上野彦馬）································ 68

【第7章】浜町周辺 ··· 70
- ①万屋町（金屋喜右衛門、杉本わか）············ 72
- ②浜町（田中直三郎、高木與作、栗岡甚助、中村六三郎）·········· 74
- ③鍛冶屋町（阿山家、緒方洪庵、北村元助、御幡儀右衛門、林源吉）······ 76
- ④油屋町（大浦慶、福地櫻痴）···················· 78

【第8章】大波止湊公園周辺 ··· 80
- ①出島町（笹山蕉川、品川貞五郎）·············· 82
- ②新地町（王震）···································· 84
- ③元船町（北島秀朝）······························ 86
- ④梅香崎町（湊町）（ジークムント・D・レスナー）··· 87

【第9章】銅座丸山周辺 ·· 88
- ①銅座町（永見徳太郎、天本愛儀）·············· 90
- ②船大工町（橋本梅太郎）························ 92
- ③篭町（杉亨二、平山芦江）······················ 93
- ④丸山町（高田泰雄）······························ 94
- ⑤寄合町（山口俤之）······························ 95
- ⑥本石灰町（嶋谷見立、小島備前守）············ 96

【地図について】
本書では、長崎惣町復元図（長崎文献社）と長崎市基本図（平成26年作成）のふたつの地図を使用しています。
各エリア周辺は長崎惣町復元図、各町ページは長崎市基本図で案内します。
【出典】Ⓚ『開港四百年・長崎図録』長崎文献社

©布袋 厚

第1章 駅前周辺

職人もお地蔵さんもおわします

「上町」「筑後町」「中町」
「大黒町」「恵美須町」「玉園町」

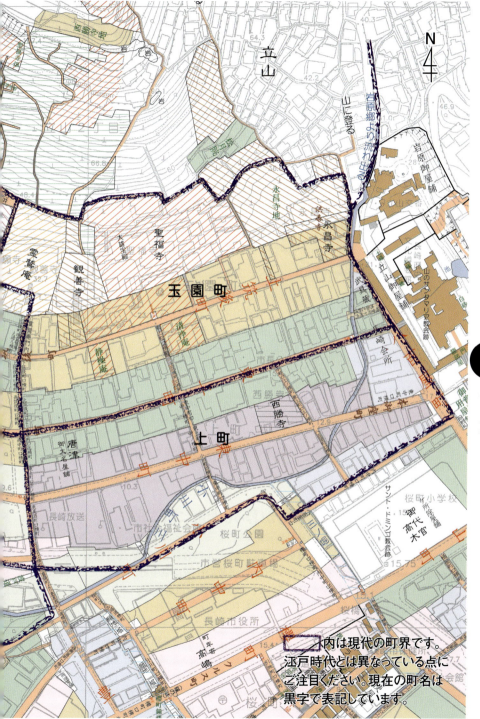

|駅前周辺| ① 上町

一番上にあったから上町なんです

斎藤茂吉

斎藤茂吉(1882-1953)は、大正6(1917)年末、今町(現・金屋町)の旅館みどり屋に入り、つぎに旧金屋町21番地の屋敷に移ります。大正7年(1918)4月以降、東中町54番地に借家を借り、大正10年(1921)3月の帰京まで暮らしました。

斎藤茂吉 Ⓚ

桜町公園にある斎藤茂吉句碑

上町は、文字通り「位置」を表しています。長崎開港後に町の北側に広がった地域で海岸から数えて3段目、つまり下から「下町」、その上に「中町」、そして一番上が上町でした。さらにその後、町域を二つに分け東側を「東上町」、西側を「西上町」とします。立地がそのまま町名になったいい例です。

昭和38年(1963)に町界町名変更があって、それまでの東中町と東上町、小川町などが合併して現在の上町になりました。長崎駅の東側に位置していて、住宅や商店が多く立ち並ぶ街です。町域には浄土真宗本願寺派の西勝寺、栗饅頭で有名な田中旭栄堂などがあります。

茂吉が暮らした町に残る歌

上町を歩いているとビルの合間に「斎藤茂吉寓居の地」という石碑に出合うでしょう。当時の住所は東中町54番地、ここには木造の町家が立っていました。斎藤茂吉は大正6年(1917)長崎医学専門学校(現・坂本1)に精神科医の教授として赴任し、大正7年(1918)から大正10年(1921)までこの地で暮らしていました。

この滞在期間中に長崎の歌壇を指導して、長崎における短歌の礎をつくりました。この碑より東側にある桜町公園には、茂吉の有名な歌「あさ明けて船より鳴れる太笛のこだまは長し並みよろふ山」の碑が昭和31年(1956)長崎アララギ会の手によって建立されています。

江上瓊山、ロシア皇太子のまえで書画を披露

江戸時代の上町には唐津藩蔵屋敷がありました。長崎の情勢や海外の情勢などを情報収集するための機関です。その蔵屋敷内で生まれた人物に江上瓊山(えがみけいざん)(1862-1924)がいます。長崎を代表する南画家で四君子(蘭・竹・梅・菊)を得意としました。

明治時代に来日したロシア皇太子ニコライ親王の前で書画を披露したことはあまり知られていません。とても謙虚な人で、明治期に文部省美術展覧会の審査委員に推薦を受けますが、その器ではないと辞退したといいます。

長崎歴史文化博物館には瓊山の作品が収められています。

南画／江上瓊山
(長崎歴史文化博物館蔵)

南画とはなんだ？

南画はもともと中国発祥の絵画です。南画は中国で南宗画と呼ばれていた絵画様式が江戸時代の中期に長崎に輸入されて南画という名称で発展してきたものです。江戸後期に南画は文人の絵画として全盛期を迎えました。

瑞雲山西勝寺(ずいうんざんさいしょうじ)

筑前黒田藩の家臣長井八郎右衛門の弟、長井源蔵は仏門に入り、守讃と名乗ります。寛永時代初期(1624〜)キリシタン全盛の長崎の地に入り市内各戸を真宗の教義を説いてまわります。数千人の信者を獲得したことに長崎奉行の竹中采女正は喜び、寛永9年(1632)、東中町の地を与えて一寺建立となりました。

寛永17年(1640)には京都西本願寺より瑞雲山西勝寺の号を受け、さらに延宝年間(1673-81)、第4代住持了玄は長崎奉行に願い出て第4代将軍家綱公の位牌を安置するよう要望、布教活動に尽力した証として特別に許されました。幕府に近いこともあり長崎奉行らは大額などの寄進を行います。

原爆の火から町を救ったお地蔵さん

上町の東側にある小さな地蔵堂にはとても興味深い逸話が伝えられています。

その昔、上町に住む西利三郎の夢枕に地蔵尊が現われ「余は矢上現川の川底に沈む地蔵であるが、汝の助けで汝の町内に祀るならば町内安全間違いなし」と告げました。再三にわたって夢枕に立つため怪しく思った利三郎は地蔵尊を探しに行くことにしました。地蔵尊はお告げの通りすぐに見つかり、隣町の永昌寺境内に安置することにしました。

原爆から町を守った地蔵尊

時は流れ昭和20年(1945)3月。今度は町内会長や数名の者の夢枕に地蔵尊が現れます。そして「余は永昌寺に祀られている地蔵尊であるが、近いうちに長崎市には天光り地裂ける大惨事が起こるべし。余を東上町に移せば東上町は安全間違いなし」と告げ、町内会長らは早速、遷座式を行って現在地に移したそうです。その年の8月9日、長崎に原子爆弾が投下され市内は大火災となりました。夜11時まで燃え続いた火災は上町の手前で止まり事なきを得るのです。

西勝寺

寺には歴史的な資料「きりしたんころび証文」が所蔵されています。証文には棄教したイエズス会宣教師フェレイラの誓書が書き添えられています。

駅前周辺 ② 筑後町

町を見守る福済寺の長崎観音

分紫山福済寺

寛永5年(1628)、中国福建省泉州府出身の唐僧が、岩原郷に庵を建て天后聖母を祀り福済寺を創建しました。当初、壇越は泉州出身だったことから泉州寺と称し、のちに漳州出身者などが大壇越になったので漳州寺とも呼ばれました。

明治32年(1899)には、黄檗宗寺班別格地の資格が与えられ、明治43年(1910)内務省より特別保護建造物(国宝)に指定されます。昭和20年の原爆で福済寺は全壊し、火災で焼失。その後、再建し、昭和51年(1976)、万国霊廟長崎観音(長崎観音)が建立されました。

原爆後も残った福済寺の灯籠

筑後町は長崎開港後に開かれた下町、中町、上町のさらに上段に開かれた町で、その後、町域を二つに分け東側を上筑後町、西側を下筑後町とします。昭和38年(1963)の町界町名変更により、下筑後町と西上町などが合併して現在の筑後町になります。長崎駅の東側に位置し、町域は山側の寺院エリアと海側の住宅エリアに分かれます。近年は多くのマンションが立ち並び都会の住宅地として賑わいを見せています。また、長崎三大寺といわれる日蓮宗本蓮寺や長崎観音で有名な福済寺などがあります。

福済寺の長崎観音

勝海舟はここから海軍伝習所へ通った

本蓮寺山門のわきには「勝海舟寓居の地」碑が立っています。幕末、幕臣であった勝海舟は本蓮寺末庵の大乗院(現教育会館)に滞在し、そこから長崎奉行所西役所内の海軍伝習所へ通います。勝は日本の航海術の発展のため長崎の海軍伝習所に入り、のちに咸臨丸で太平洋を横断し幕府海軍の育成に努めます。

当時、身の回りの世話をしたのが近くに住むお久(本名小谷野クマ)で、勝の息子、梅太郎を身ごもります。その後、お久は米穀商の梶家に入りますがすぐに他界し、梅太郎は上京し勝のもとで暮らしました。

勝海舟寓居の地碑(本蓮寺)

日本二十六聖人記念像

西坂?それとも下筑後町? 二十六聖人殉教地の謎

　日本二十六聖人殉教の地が西坂であることは一般的ですが、これは確定したものではなく郷土史家の故渡辺庫輔先生によると法泉寺跡付近(旧下筑後町)だったとする説があります。昭和26年(1951)7月21日。長崎県戦災復興委員会文化厚生専門委員会が行われ、確定しかけた浜口庄八神父が唱える西坂説に対し、渡辺庫輔委員が法泉寺跡説を提案。長崎日日新聞社社長渡貫良治氏が議長となり、古賀十二郎氏の審判によって話し合われますが結論が出ず、法泉寺跡に一説として碑を建立することで決着をつけました。

　確かにフロイスの「殉教記」の一節には、二十六聖人が殉教した場所は「時津街道と海の間に挟まれた小高い所。26本の十字架を一列に並べるのに十分な広さ。町や港に浮かんだ船からも十字架が見えた。十字架の左手にサン・ラザロ病院(現本蓮寺)があり、受刑地の裏側の谷間には刑場が広がっていた」と記されています。処刑場が西坂公園であれば海から十字架(処刑地)を見るとサン・ラザロ病院(現本蓮寺)が右手になり、法泉寺跡付近(現筑後町)であれば左手になります。

二十六聖人殉教の地と言われたもうひとつの場所

更生保護の先駆け、大塚恵暢

　法泉寺は現在、三原1丁目にあります。その先代の住職大塚恵暢は、明治時代に非行少年の更生保護に尽力し独力で矯正施設を始めました。この功績により矯正の必要性が広く知られるようになり、長崎県の更生保護の先駆けとなりました。

日本二十六聖人

　慶長元年12月19日<西暦1597年2月5日>に長崎で26人のキリシタンが処刑されました。寛永4年(1627)、ローマ教皇であったウルバノ8世は26人のうちフランシスコ会系の23名を福者(死者に贈る称号)に列し、寛永6年(1629)にイエズス会系の3名を福者に列しました。その後、26人の霊は日本に潜伏し続けて信仰を守り続けているという伝説がヨーロッパにまで伝わり、多くの司祭が日本に潜入しようとしますがことごとく失敗します。

　文久2年(1862)、26人はローマ教皇ピウス9世によって列聖されます。その約3年後の元治2年(1865)、大浦天主堂が西坂の丘に向かって建てられました。26人が殉教したとされる地です。大浦天主堂の正式名称は「日本二十六聖殉教者堂」といいます。

駅前周辺 ③中町

上町と下町の間にある中町

西中町のなごり

中町公園沿いにたつ電柱には、西中町の名が残る。

10 長崎游学マップ⑫

　中町（なかまち）は長崎開港後に町の北側に広がった地域で海岸から数えて2段目にあたり、下町と上町の中間に位置するところから中町となりました。その後、町域を二つに分け東側を東中町、西側を西中町とします。昭和38年(1963)の町界町名変更によって、それまでの西中町と西上町、恵美須町などが合併して現在の中町になります。

　中町は長崎駅東側のオフィスや商店の立ち並ぶエリアです。町域には中町天主堂(旧西中町天主堂)や中町公園があります。

流行病を遠ざけるお地蔵さん、富永さんの夢枕に

　明治10年(1877)ごろ、西中町に住む富永という人物の夢枕に「自分は浦上川に捨てられている石地蔵である。救い上げて西中町に祀るならば町内に流行病は絶対におこらないであろう」と地蔵尊が現われました。お告げの通り、富永氏は浦上川で石地蔵を発見します。早速、自宅でお祀りしたところ、流行病(はやりやまい)が起こらなくなったため、しだいに町内の人々も信仰を厚くしていきます。明治40年(1907)ごろには本河内の紺屋町の土地を借りて安置し、西中町町民でお祀りすることになりました。毎年4月24日の地蔵尊の縁日には町の青年団が地蔵尊を町内にお連れし盛大にお祭がなされ、逆に信仰に反対したり信仰を怠ったりする家庭は病気が長引くなどの影響が出たそうです。第2次大戦後、町内の話し合いで幣振坂の突き当たりに移転し、今に至ります。

夢枕に現れた地蔵尊

スペインの工房にほほえみの十字架を製作依頼した下川英利神父

中町天主堂内にある「ほほえみの十字架」とはスペインのザビエル城に伝わる特別な十字架のことで、日本にキリスト教を伝えたフランシスコ・ザビエルが生涯、信仰の原点として大切にしていた十字架といわれています。中町教会には近年まで大きな十字架がなかったため下川英利神父が模索していたところ、平成10年(1998)ごろ「ほほえみの十字架」の存在を知り、早速、スペインの工房でレプリカの製作を始めます。「ほほえみの十字架」はザビエルが信仰の原点としていた点と、ザビエルが日本におけるキリスト教の原点という共通項から中町教会に置くことを決めたそうです。

ほほえみの十字架

聖トマス西と十五殉教者(長崎十六聖人)

聖トマス西と十五殉教者(長崎十六聖人)とは、日本人9名、スペイン人4名、フランス人1名、イタリア人1名、フィリピン人1名の計16名の殉教者を指し、日本人などは聖ドミニコ会に属し、司祭、修道士、修道女など寛永10年(1633)～14年(1637)ごろに西坂の処刑場で殉教した人々です。16人の殉教者は昭和56年(1981)、マニラで列福され、昭和62年(1987)、ローマで列聖しました。

中町教会は、聖トマス西と十五殉教者(長崎十六聖人)に捧げられていて、教会の敷地内には殉教の碑が建立され、モニュメントも置かれています。

聖トマス西と十五殉教者顕彰の碑

長崎十六聖人像

中町教会

明治22年(1889)、島内要助神父が殉教の地長崎で、日本人のための教会を建てようと志し、大村藩蔵屋敷跡に教会を設立しました。当初は、西中町天主堂と称されていました。

大村藩蔵屋敷

九州各藩は長崎警備の目的で多くの軍勢を長崎に派遣しなければならず、そのため市内には10数ヵ所の藩屋敷が置かれていました。藩屋敷は長崎奉行所との連絡業務のほか、長崎に入る世界情勢などを収集するための情報拠点でした。大村藩といえば玖島城を拠点とした大村氏の領地で2万7千石を誇っていました。

藩屋敷などは正保4年(1647)、長崎港の軍備のために九州各地の藩に動員したもので、当時、国交を断絶したポルトガル船来航の際の対応のためといわれています。

大村藩屋敷跡の碑

駅前周辺 ④ 大黒町
長崎駅前広場は大黒町です

●小川源四郎記念碑
■長崎駅高架広場

小川源四郎記念碑

小川源四郎の功績を記念した碑が本蓮寺境内に大正6年(1917)、水産関係者によって建立されました。記念碑横にある寄付者名板は魚の形をしています。

小川源四郎記念碑

　大黒町は長崎開港後に町の北側に広がった地域の海岸部に開かれた町で、下町、中町、上町のうち下町と称していました。その後、町域を二つに分け東側を恵美酒町、西側を大黒町とします。昭和38年(1963)の町界町名変更によって、それまでの西中町と大黒町、西上町などが合併して現在の大黒町になります。大黒町は駅前商店街を含む商業地でホテルや飲食店が立ち並び、長崎県交通局のバスターミナルや長崎を代表するホテル、ホテルニュー長崎などがあります。長崎駅前広場(高架広場)も大黒町に属します。

近代化していく水産業に貢献した小川源四郎

　小川源四郎(1847-1910)は長崎市大黒町生まれで近代長崎の水産業の発展に寄与した人物です。小川家は元禄初め(1690)ごろから続く魚河岸商で、明治13年(1880)に源四郎は家を継ぎます。当時、魚市場は中島川沿いの材木町(現賑町)付近にありましたが、問屋同士のトラブルで明治6年(1873)、万屋町側にも万屋町新魚市場が独立誕生します。水産業の近代化で鮮魚の水揚げ高が激増し配給機構が整備され、明治36年(1903)には長崎県水産組合連合会が発足、従来の対立を解消させ、明治42年(1909)に長崎魚類共同販売所が誕生しました。これは後の長崎魚市株式会社へと発展するものです。

駅前周辺 ⑤恵美須町

恵美酒町は恵美須町へ、町の由来は恵美須神

　恵美須町は長崎開港後に北側に広がった地域の海岸部に開かれた町で、下町、中町、上町のうち下町と称していました。その後、下町を二つに分け東側を恵美酒町、西側を大黒町とします。また、恵美須町の由来は当時海岸沿いにお祀りされていた恵美須神にちなむもので、その恵美須神は現在、飽の浦町にある鈎山恵美須神社に祀られています。昭和38年(1963)の町界町名変更によって、それまでの恵美酒町、船津町などが合併して現在の恵美須町になります。町域には長崎中央郵便局や企業、それに病院が多く立ち並び、岩原川沿いには蒲鉾店など水産関係の店が並んでいます。

仏師、高龍と呉眞が滞在した町

　寛永10年(1633)、福建省漳州府龍渓県の仏師、高龍と呉眞が渡来し恵美須町に滞在します。高龍と呉眞の二人は長崎滞在中に福済寺の仏像を建立し、大権修理菩薩と達磨大師を刻したといわれています。
　福済寺は明治政府により国宝に指定され長崎を代表する大伽藍でしたが、昭和20年(1945)の原爆により延焼ですべて焼失し、大権修理菩薩像と達磨大師像も灰と消えます。

岩原川の名前の由来

　岩原川は旧長崎村岩原郷に水源があるところから岩原川と称されました。岩原郷は現在の立山と西坂の一部の地域で、川は立山から桜町電停付近を流れ長崎港に注いでいます。江戸時代初期、岩原川の河口は桜町電停にあり、港に向かって広がっていました。この河口は開港当初、ポルトガル船や唐船からの荷物を堺、江戸へ運ぶ国内船の船津つまり港として機能しました。

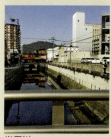

岩原川

駅前周辺 ⑥玉園町

諏訪神社の後山、玉園山からついた町名

萬寿山聖福寺

聖福寺は長崎出身の僧・鉄心道胖によって延宝6年(1678)に創建されました。第23代長崎奉行牛込忠左衛門勝登と岡野孫九郎の後援で幕府の許可を受け一寺建立となったものです。以降、長崎奉行や唐船からの寄進などで境内整備が進み、松月院などの庵も多く建ち繁栄しましたが、明治維新を受け寺院制度改革で衰退し、末庵なども廃されることになります。以降は信徒などの援助で修復整備が行われ、現在、改修工事中です。

聖福寺三門

筑後町は長崎開港後に開かれた下町、中町、上町のさらに上段に開かれた町で、その後、町域を二つに分け東側を上筑後町、西側を下筑後町とします。昭和38年(1963)の町界町名変更によって、それまでの上筑後町と東上町などが合併して現在の玉園町になります。町域の東には諏訪神社があり、諏訪神社の後山を玉園山というところからその名が生まれます。

町域は閑静な住宅街で明治期には大手企業の所長宅や旧料亭迎陽亭などがあり、第二次大戦でも焼失しなかったこの界隈は木造家屋の多い地域です。なお、山側には国の重要文化財の聖福寺があって、住宅地には長崎市長公舎などがあります。

じゃがたらお春の碑に隠された想い

聖福寺境内には「じゃがたらお春の碑」があります。玉園町に住む水産貿易商で、若山牧水の「創作」に籍を置く歌人、上野初太郎によって昭和27年(1952)に建立されました。表向きは江戸時代初め、南蛮人と日本人との間に生まれたお春のことを記念したものですが、実際は同じ東南アジアで戦没した息子への慰霊をするためといわれています。

昭和27年当時、GHQなどから慰霊碑建立が厳しく規制されていた背景がそこにはあります。

石碑の裏には父親の想いが刻まれています

じゃがたらお春のじゃがたら文は創作?

　寛永13年(1636)、3代将軍家光は前年の鎖国令を強化し海外への渡航及び帰国を全面的に禁止しました。長崎では出島が完成して市内に雑居していたポルトガル人らが出島に隔離され、また、混血児287人がマカオに追放されました。

　寛永16年(1639)、ジャガタラ(現インドネシア・ジャカルタ)に追放されたお春という少女がいました。筑後町乙名の久保十右衛門が奉行所に提出した文書に「いぎりす女房年三十七、娘まん年十九、娘はる年十五」というものがあり、このはるがいわゆる"じゃがたらお春"といわれています。お春は21歳のとき、平戸出身の混血児でオランダ人のシモン・シモンセンと結婚。しかし、シモンは早く他界しお春は一人身で生涯を送ります。のちにお春が長崎の友人に送ったといわれる手紙が「じゃがたら文」で、西川如見が「長崎夜話草」の中で紹介しています。しかし、この手紙の現物がないこととあまりにも名文であるため西川如見の創作であろうともいわれています。

迎陽亭、灯篭には長崎奉行の銘も

　文化元年(1804)、江戸の料理人杉山藤五郎が出来大工町の川岸に料亭東語楼を開業し、その後、上筑後町に移転して迎陽亭と改称しました。迎陽亭は場所柄、長崎奉行所や長崎に在住する藩役人などがよく利用し、明治以降も明治政府の役人や文化人なども足繁く通ったといいます。建物は3代目杉山吉太郎のときに聖福寺の塔頭や唐通事頴川家の屋敷を購入し拡大。東上町(現・上町)側が正面入口で玉園町側に庭園と茶室があって、現在の裏門は茶会のときなどに開かれていました。なお、茶室の床柱は明治期以降に使用された木橋時代の長久橋の柱が使われ、また茶室横の灯篭には第83代長崎奉行遠山左右衛門尉景晋の銘を見ることができます。

迎陽亭の茶室(『ふるさとの想い出写真集－明治 大正 昭和－長崎』越中哲也、白石和男共編より)

西道仙の筆による唐船維纜石

　唐船維纜石の維纜とは船をつなぎ止める綱を意味し、纜石はその綱をくくるための石を表します。唐船維纜石とは中国船の綱を止めるための石ということになります。

　旧迎陽亭裏門にある維纜石は江戸時代、大黒町の海岸で唐人船をつないでいたものです。当時、大黒町の若い衆が迎陽亭の主人が骨董趣味ということを知り、一夜の宴会費と引き換えに持ち込んだものといわれています。のちに西道仙によって「唐船維纜石」と刻されました。

第2章 市役所周辺
国道34号線はむかしからの幹線道路
「魚の町」「勝山町」「八百屋町」「桜町」「金屋町」「栄町」

市役所周辺 ① 魚の町

魚市橋には魚問屋が軒を連ねていた

古賀重太郎

胸像は現在、長崎ブリックホールにあります。

中島川中流域、現在の魚市橋あたりには江戸時代の初め魚問屋が軒を並べて魚屋町、のちに今魚町が誕生しました。昭和38年(1963)の町界町名変更により本大工町、今魚町、酒屋町などが合併して魚の町となります。魚の町には官庁街に近いこともあってオフィス街や商社などが立ち並ぶ一方、長崎市民会館や長崎市立幼稚園などの教育施設も町内にあります。

公会堂を創設した古賀重太郎

長崎市公会堂の1階ホールには篤志者の古賀重太郎の胸像がありました。昭和初期、古賀重太郎は長崎市に公会堂と呼べる施設がないことを残念に思い、昭和5年(1930)、それまで袋町(現栄町)にあったキリスト教青年会館とその敷地を買収し、改造費35,300円も加えて長崎市に寄附します。長崎市はその金額に公費を足して改造し昭和6年(1931)に長崎公会堂が創設されました。しかし、建物は昭和20年(1945)の原爆による火災で焼失。昭和24年(1949)、長崎市は財政難を理由にその土地をカトリックセンターに売却することになり、寄進地の転売は、のちに前市長が告訴されるという事態になりました。

長崎出身の武基雄が長崎市公会堂を設計

昭和29年(1954)、当時の佐藤勝也副知事、田川努長崎市長、中部悦郎商工会議所会頭が発起人となり長崎国際文化センター建設の計画を発表しました。翌30年(1955)、原爆投下10周年を記念し、5ヶ年計画で県立図書館、美術館、体育館、水族館、市公会堂などの建設を決定し長崎国際文化センター建設委員会を設立、昭和37年(1962)、長崎市出身で早稲田大学教授である武基雄(1910-2005)の設計で、建設費2億5000万円をかけ長崎市公会堂が本大工町グランドに完成します。長崎市公会堂は県や市の様々な催し物やコンサートや発表会とさまざまな催し物が行なわれ、公会堂前広場は秋の大祭長崎くんちの奉納踊りの会場として親しまれてきました。なお平成27年(2015)3月末に閉館し、その歴史に幕を下ろしました。ちなみに、武基雄は長崎水族館の設計も行っています。

長崎市公会堂〈平成28年(2016)撮影〉

かめ女作の傘鉾

かめ女がつくったと伝わる傘鉾(『長崎くんち入門百科』より)

伝説の鋳物師、かめ女

江戸時代の中ごろ旧今魚町に"かめ女"という鋳物師が住んでいました。香炉製作に非常に長けていて、性格は職人気質、普段は貧乏な生活を送っていましたが、注文を受けて手付金を貰うとすぐに近所の仲間を呼び、酒を振舞うなど豪快な人間でもあったそうです。

ある年、長崎奉行から香炉の注文を受けたかめ女は、半年経っても製作を始めないため、厳しく催促されます。数日後に完成した香炉の出来を気に入らなかったのか、突然の大斧で叩き割り、結局注文を果たせなかったというエピソードが残っています。

奉行所へ向かうかめ女(『長崎名勝図絵』より)

市役所周辺 ②勝山町

町名の由来は戦国時代にさかのぼる

勝山町は長崎開港後すぐに開かれた町で、戦国時代に長崎勢と深堀勢の戦いの際、功績を上げた長崎甚左衛門の家臣勝山左近の名からとった地名といわれています。町の真ん中を長崎の幹線道路でもある国道34号線が貫き、通りに沿って長崎市立桜町小学校があります。マンションやオフィスがひしめき合う賑やかな街です。

松田雅典、フランス人講師が食する牛缶でひらめく

勝山町から長崎公園へ向かうと「日本最初の罐詰製造の地」の碑を目にします。缶詰製造を指導したのが勝山町の乙名馬田家に生まれた馬田雅典(1832-1895)でした。雅典はのちに金屋町の乙名松田家に養子に迎えられ松田姓を名乗ります。明治2年(1869)、英語伝習所から改名した広運館の取締を受けていたとき、フランス人講師レオン・ジュリーが牛缶を食することに興味を持った雅典は、缶詰製造の指導を受け、イギリス人から購入した機械でイワシ缶製造に成功しました。のちに長崎県勧業御用係(農工業の奨励の役目)の役につき、県令(知事)を説得して、明治12年(1879)、炉粕町に長崎県缶詰試験所を設置して主任となります。明治15年(1882)、一旦は閉鎖されますが明治17年(1884)に払い下げを受けて、自営で松田缶詰製造所を立ち上げます。この缶詰はその後、日露戦争において軍需品としてたいへん持てはやされたといいます。

橘神社の祭神、橘中佐が下宿した町

橘中佐といえば雲仙市千々石町にある橘神社の祭神として有名です。本名を橘周太といい、慶応元年(1865)、雲仙市千々石町で誕生しました。幼少の頃から漢文や日本外史を学び11歳のときに長崎の勝山小学校に入学、その後長崎中学校に進みます。長崎滞在時に下宿していたのが勝山町でした。15歳で上京し、陸軍士官学校を卒業したあとは陸軍の道を進み、少尉、小隊長、東宮侍従武官と昇進していきます。38歳で少佐となり、明治37年(1904)の日露戦争では軍の管理部長として中国遼東半島へ向かいました。連隊大隊長となり活躍しましたが、旅順港の攻防で部下のために自らの命を捨て戦い明治37年(1904)8月31日戦死(40歳)します。

橘少佐は8月31日付けで陸軍歩兵中佐を命ぜられ、以降、橘中佐は軍神としてあがめられ昭和15年(1940)、雲仙市千々石町に橘神社を設け、神としてお祀りされるようになりました。

外町のはじまりだった勝山町

長崎開港直後に、長崎にはじめて町ができます。いわゆる内町です。長崎の入口には第三の堀があり、そこに勝山町ができます。つまり、むかしの外町が勝山町からはじまっていました。

橘中佐像(『北村西望彫塑大成』中村傳三郎編より)

橘湾は橘中佐から名づけられた

ヒロスケ 長崎ぶらぶら歩き

21 市役所周辺

サント・ドミンゴ教会は代官屋敷に

長崎開港後＜元亀2年(1571)＞、イエズス会は現在の県庁にサン・パウロ教会、フランシスコ会は慶長13年(1608)に現在の市役所別館にサン・フランシスコ教会、そして慶長14年(1609)、ドミンゴ会は現在の桜町小学校にサント・ドミンゴ教会を建てます。この土地は第2代長崎代官村山等安の所有地で、熱心なキリシタンであった等安がドミンゴ会に寄進したといわれています。慶長19年(1614)の禁教令によって、わずか5年で教会は破却されまました。

教会の跡地はその後、長崎代官屋敷として利用されました。現在は資料館がたち、発掘調査によって出土した教会と代官屋敷の遺構や遺物が展示され、時代の変遷を物語っています。

サント・ドミンゴ教会跡、末次平蔵(長崎代官)宅跡

市役所周辺 ③八百屋町
作家、佐多稲子が生まれた町

マンホール通り

八百屋町は第二次大戦後、早いうちに下水道が整備されたこともあり、旧式の配管からマンホールの多い通りになっています。町名町界は変化なく今に至っています。

長崎游学マップ⑫

八百屋町はその名の通り西山や片淵など周辺部で採れた野菜などを販売していた場所で、比較的小さな町域は町界町名変更などでほとんど改変されることなく続いています。

八百屋町の先、長崎公園入口には佐田稲子の文学碑があります。佐多稲子(1904-1998)は八百屋町に生まれました。貧しい家庭に育ち小学校を中退後、すぐにキャラメル工場や料亭などで働き始めます。働き先では多くの小説家との出会いがあり、彼らの影響を受けて昭和3年(1928)に小説「キャラメル工場から」を発表、その後も多くの作品を世に出し、川端康成文学賞や毎日芸術賞など多くの賞を受賞しました。長崎公園入口の文学碑は昭和60年(1985)、有志によって建立されました。

佐多稲子文学碑

長崎で初めての石畳が敷かれた通り

八百屋町は、当時の船着場であった船津町付近から文禄3年(1594)に開かれた「山のサンタマリヤ教会(現長崎歴史文化博物館)」へ直線に伸びる参道という考え方と慶長6年(1601)に「山のサンタマリヤ教会」後方へメスキータ神父が桜町のキリシタン墓所を移設した際に新設された通りという考え方があり、後者はそのとき石畳に整備され、これが長崎初の石畳の通りといわれています。

その後、往来が増えるにつれ立山や西山などで採れた野菜などを販売する露天が生まれ八百屋町が誕生します。

市役所周辺 ④桜町
セントフランシスコ教会と桜並木があった町

桜町は開港後にキリスト教フランシスコ会が建てたセントフランシスコ教会が建ち、その周辺に墓所と桜並木があったところから名づけられていました。桜町は長崎市役所や長崎市議会、長崎商工会議所など長崎市の行政や経済の中心をなす町です。

宮崎雅幹が開発。女性の憧れ「黒龍クリーム」

国道から公会堂へ下る坂道に石柱で囲まれた石碑が立っています。ここは現在の㈱黒龍堂(本社東京都港区)の「特殊薬効クリーム黒龍」発祥の地で、昭和27年(1952)に創製45周年を記念して建立されました。この黒龍クリームは長崎市出身で蘭学の流れを組む医師、宮崎雅幹が開発したものです。

宮崎は日露戦争後にシベリアに渡り診療所を開業し、ロシア人の診療にあたっていました。医師業の傍ら薬効クリームを研究、開発します。宮崎は大正10年(1921)にシベリアで没しますが妻の敬子が継承し、昭和5年(1930)に日本に引き上げた後、この地で黒龍クリームの販売を始めました。発売当時は長崎の女性が憧れる化粧品だったといいます。石碑には歌人吉井勇の詩が刻まれています。

碑文
「黒龍といふ名を石に刻ませて
　父をこそをもへ　母をこそをもへ」

「特殊薬効クリーム黒龍」発祥の地

俗称は川崎町

黒龍の碑の立つ場所から、市役所別館裏通り付近をかつては俗称で川崎町と呼んでいました。昭和の初めまで木造の長屋が2棟あり、明治5年(1872)に長崎区第1大区3小区戸長に任命された川崎時五郎の持家でした。建築材は長崎奉行所牢屋敷の廃材を利用して建てたもので、豚を飼うのが目的であったともいわれています。

川崎町と呼ばれたあたり

市役所周辺 ⑤ 金屋町
時代の大物が何人も暮らした町

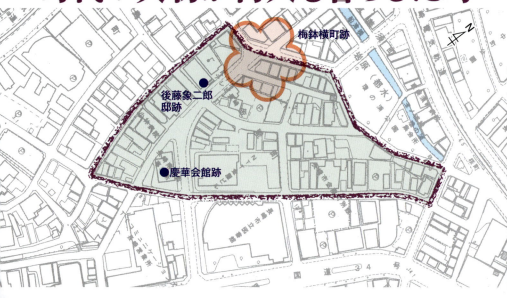

金屋町は開港直後に開かれた町で荒物屋などが始まったところから金屋町となったといわれています。付近はすべて開港直後に開かれた町で、昭和38年(1963)に今町、堀町、新興善町などを含めて現在の金屋町ができました。町内には長崎南年金事務所やテレビ長崎、病院やマンションがあり、市街地中心部として賑わっています。

坂本龍馬と意気投合した後藤象二郎

テレビ長崎の敷地角に「後藤象二郎邸跡」の碑が長崎三菱造船所の手によって建てられています。後藤象二郎は三菱造船の生みの親といっても過言ではないでしょう。後藤象二郎(1838-1897)は土佐藩出身の武士で若い頃から開国進取論や蘭学、航海術を学びます。慶応2年(1865)に藩の殖産機関の開成館や土佐商会(開成館長崎出張所)を任され土佐の産業を活発にし、長崎では土佐藩を脱藩した坂本龍馬と出会い意気投合し土佐藩へ協力を求めます。さらに坂本龍馬の意見を受け入れ、土佐藩主山内容堂を説得して大政奉還を建白させ、新政府発足後は、政府の参与や大阪府知事、参議を歴任、実業界にも乗り出し、高島炭坑の経営を始めます。高島炭鉱はのちに岩崎弥太郎に譲渡し、その後は政治家として黒田清隆内閣から松方正義内閣まで逓信大臣や農商務大臣などを務め活躍しました。

後藤象二郎
(『上野彦馬アルバム』より、江崎べっ甲店所蔵)

後藤象二郎邸跡

居留地に灯をともした山内善三郎

現在の長崎南年金事務所の地には明治大正期、実業家の山内善三郎が建てた慶華会館がありました。山内善三郎(1845-1915)は、長崎市浦五島町の橋本定七の五男として生まれ、のちに山内家を継ぎます。15歳で事業を始め、幾多の苦難を乗り越えながら、明治20年(1887)に機械油の必要性を知り、東京に鉱油製造工場を建設し製造を開始しました。

その後、日清戦争が勃発し、軍用機械油を一手に引き受け巨利を得ます。明治35年(1902)には、長崎市小曽根町に長崎瓦斯会社を設立し、居留地を中心とした地域の電灯や燃料の供給を始め、長崎の工業発展に寄与します。

没後、遺族によって5万円を長崎市の教育基金として寄付。大正12年(1923)には金屋町の屋敷に山内慶華財団を設立し慶華会館を建て、幼稚園を経営し学生の教育資金援助などに貢献します。残念ながら慶華会館は第二次大戦時建物強制疎開などで解体されました。長崎市寺町の深崇寺本堂わきに、山内善三郎の墓があります。重厚な墓碑と灯籠などから、実業家として成功した姿がしのばれます。

山内善三郎墓所（深崇寺）

五叉路は梅の花

梅鉢横町とは以前まで使われていた俗称で今町の一部をいいます。梅鉢とは天満宮（菅原道真公）の紋で、梅の花の5つの花びらをデフォルメして作られています。そこから長崎では珍しい5つの道が交差しているところを梅鉢にちなんで呼んでいたのです。梅鉢横町は現在のKTN玄関下の交差点、現在は坂道ですが昭和10年代(1940頃)までは筋違いの道で階段になっていました。

五叉路、梅鉢横町のなごり

慶華会館跡

現在の長崎南年金事務所

ヒロスケ 長崎ぶらぶら歩き 25 市役所周辺

市役所周辺 ⑥栄町
長崎財政界の重鎮、松田源五郎ここにあり

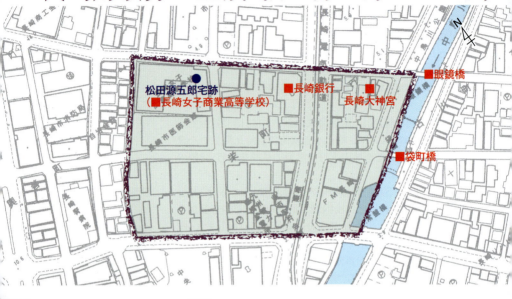

袋町橋とふくろ橋

江戸時代、袋町橋または第十一橋と呼ばれ、木廊橋として架橋、その後、石橋に架け替えられました。享保6年(1721)の大水害では石橋が流失した記録が残っています。寛政7年(1795)と文化7年(1810)、そして昭和57年(1982)の水害で破損しますが流失せず、現在のものは昭和59年(1984)に修復されたものです。袋橋は西道仙が命名し親柱に刻されました。

袋町橋

栄町は昭和38年(1963)に周辺の本紺屋町、袋町、酒屋町を統合し作られた町で、官庁街に隣接してオフィスや企業が並んでいます。現在、長崎銀行や長崎県町村会館、長崎市医師会館、長崎女子商業高等学校も町内にあります。

長崎女子商業学校の場所には、明治期、長崎の実業家の松田源五郎の屋敷がありました。松田源五郎(1840-1901)は長崎市酒屋町の鶴野家に生まれ、叔父の貿易業松田勝五郎の家で育ちます。若くして日本各地や中国を視察、貿易を学び、万延元年(1860)、松田家に養子入りしました。

松田源五郎翁之像(長崎公園)

明治3年(1870)、旧十八銀行の前身となる永見松田商社を貿易業永見伝三郎と立ち上げ、これが後に第十八国立銀行へと発展します。

明治12年(1879)には長崎商工会議所の前身である長崎商法会議所を立ち上げ、市議会議員、県議会議員、衆議院議員へと転身し、長崎の政財界の発展に寄与しました。長崎公園には、長崎出身の彫刻家富永直樹による胸像が建立されています。

役職よりも石を選んだ西道仙

栄町の東に架かる眼鏡橋には、親柱に「眼鏡橋」と刻まれています。明治期に活躍した儒学者の西道仙によるものです。西道仙(1836-1913)は熊本県天草御領出身で、本姓は相良、幼名を仁寿のちに喜大、字を道仙、一字(号)を国瑞、琴石、賜琴石斎といいます。

代々医業を営む家柄で幼い頃から儒学を学び、帆足万里に儒医を学びます。28歳のとき長崎の酒屋町に来て医業を開業し、長崎では勤皇の志士と交わります。明治維新後、九州鎮撫総督の澤宣嘉が長崎府の中枢に迎えるも拒否し、その代わりに鳴滝の琴石を授かったエピソードは有名です。

明治5年(1872)に私学「瓊林学館」を創立し後継の育成に尽力し、明治11年(1878)からは政治家として活躍します。長崎区戸長、長崎町会議員、長崎区連合会議長、長崎区会議長を務め、中島川の橋名の命名や水道敷設に尽力しました。晩年は長崎の史跡保存に時間を費やし市内各所に多くの記念碑などを建立しています。

西道仙(長崎歴史文化博物館蔵)

大正元年からの歴史を持つ長崎銀行

長崎銀行の起源は質屋と並ぶ庶民相手の金融機関というべく営業無尽で、大正元年(1912)の長崎貯金株式会社から始まります。長崎貯金(株)は当時の長崎の財界有力者が出資して作られた貯金会社で、頼母子講=無尽(組合員が定期に一定額を出し合って、くじや抽選などで金品を受け取ること)的なものでした。東濱町で大正4年(1915)、長崎無尽貯金会社、翌5年(1916)、長崎無尽と改称します。大正13年(1924)、酒屋町に社屋を完成させて移転します。社屋は絵葉書になるほど市民を魅了しました(現長崎銀行本店社屋)。昭和14年(1939)には全国無尽会社契約高番付第3位となり、次々に周辺の無尽会社を吸収合併します。昭和26年(1951)、相互銀行法により長崎相互銀行となります。

現在は昭和63年(1988)の普通銀行転換で長崎銀行となり、奨学金や長崎銀行文庫を設置するなど地域密着型の銀行として親しまれています。

長崎銀行

長崎大神宮

明治5年(1872)、明治政府は新しい宗教政策(神道の強化)の整備のため教部省を設置。神社仏閣のあらゆる体系や制度を管理し、明治6年(1873)、宗教者への指導機関・大教院を中央に置き、地方に中小教院を設置しました。明治7年(1874)、長崎では磨屋町にあった薬師寺邸内に中教院が設置され天照大神を始めとする4柱がお祀りされることになりました。

しかし、仏教側の協力が得られず明治8年(1875)、中教院は諏訪神社へ移され、仏教側は明治12年(1879)、晧台寺内に各宗連合の中教院を設置します。

明治11年(1878)、伊勢神宮の内宮である皇太神宮を勧請し諏訪神社で盛大な祭典が行われますが、明治政府の宗教政策に混乱が生じ明治15年(1882)教導職を廃止され、神道系の教団が独立します。

諏訪神社の皇太神宮は本興善町の中尾宅に移され、神宮長崎教会所となり、明治19年(1886)、大村町(現・万才町)に社殿を建立して移転します。明治32年(1899)、神宮奉斎会長崎本部、大村町大神宮と改称し、昭和20年(1945)、社殿は原爆による火災で焼失します。昭和28年(1953)、酒屋町に移転し、長崎大神宮となり、現在に至ります。

長崎大神宮

第3章 県庁周辺

長崎の歴史はここからはじまる

「築町」「樺島町」「江戸町」「興善町」
「五島町」「万才町」「賑町」

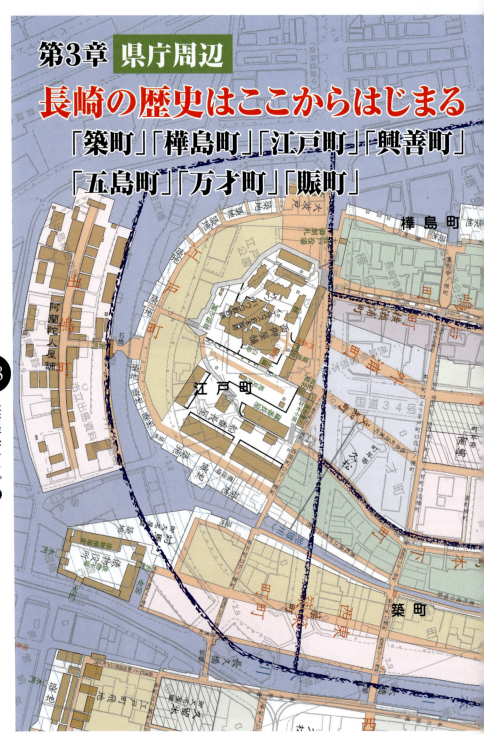

県庁周辺 ① 築町

川の変流工事で町が分断

現在の築町

長崎游学マップ ⑫

　築町は長崎開港後の文禄元年(1592)に中島川下流域に開かれた町で、川に築き増して開かれたところから築町と名づけられ、のちに西側を西築町、東側を東築町とします。明治4年(1871)に二町は合併し、さらに昭和38年(1963)の町界町名変更によって、それまでの築町、本下町を含め現在の築町となります。もとは現在の十八銀行本店までが町域でしたが、明治30年代に行われた中島川変流工事によって分断されたため、その名残が平成30年(2018)まで電停名に残っていました。
　築町は長崎市民の台所でもある築町市場をはじめ、たくさんの商店が立ち並ぶ繁華街となっています。町内には三大珍味「からすみ」の小野原商店や髙野屋など老舗の店も軒を並べています。

築町といえば肥塚家、繁栄した酒造会社

　かつて、築町といえば肥塚家というほど、その名声は日本各地に轟いていました。肥塚家は明治から第二次大戦後まで酒造会社を営み、本店を五島町、支店を築町、醸造所を滑石に置き、最盛期には神戸や東京まで支店がありました。社長の肥塚慶之助は諏訪神社の総代も務め、さらには、長崎紡績や三菱造船所などにも一族が役員として入り、肥塚家は長崎を代表する名家で富豪でした。
　残念ながら第二次大戦中、築町支店などは道路強制疎開で撤去を余儀なくされ、昭和50年(1975)ごろには滑石醸造所の廃止により廃業となりました。

儒学者で医師の岡田篁所

江戸時代後期、今の中央橋バス停付近に位置する西築町に儒学者で医者でもあった岡田篁所(1820-1903)の住居がありました。篁所は17歳のとき大坂に上り彦根藩士の宇津木静区(儒者大塩中斎の弟子)に師事します。24歳には、江戸に向かい江戸医学の頂・多紀元堅に学び、その後、儒者野田笛浦に儒学を教わります。明治維新を受け52歳で中国江南蘇州を旅行し清代末期の漢方医学を調査し、日中医学交流史の研究に寄与しました。なお、息子の岡田篁石も父と同じく詩文や書などにも長けていました。墓は晧台寺にあります。

岡田篁所の墓(晧台寺)

岡田篁所、篁石父子の書

梅園天満宮の天井に79歳の岡田篁所の筆をみることができます。

岡田篁石の書

長崎市民の台所、公設市場

江戸時代、生鮮食料品などの販売は行商人が各家々に売り歩いたり神社などの門前で市を開いたりするのが一般的でした。明治時代になり今下町や五島町、本紺屋町(現中央公園付近)などの3ヶ所に魚菜市場が開かれ、さらに明治37年(1904)、梅香崎町、広馬場町、本下町にも開かれます。大正8年(1919)、第1次大戦後の物価高騰で市民に影響が出てきたため、長崎市は初の公設市場を館内町と今下町(今下町通公設市場)に建て、指定商人に販売をさせます。一方、大正10年(1921)には築町に公設卸市場(築町公設卸市場)を新設。さらに大正13年(1924)、本下町に公設中央市場(本下町公設中央市場)が完成します。昭和20年(1945)、原爆投下後の火災で市場はすべて焼失しますが建物は残り、付近はバラックや闇市が建ち並ぶようになります。昭和34年(1959)、築町公設卸市場が旧魚市場跡に移転。昭和39年(1964)、今下町通公設市場が廃止され、本下町公設中央市場のみとなり、のちに築町公設市場となります。平成11年(1999)、再開発が進められ、市場と行政施設などが備わった多目的ビルのメルカつきまちとなりました。

大正期の築町公設市場

『ながさき浪漫ーアルバム長崎百年』(長崎文献社より)

県庁周辺 ② 樺島町
キリシタンが移り住んだ町は港町として栄えた

纜石（ともづないし）

纜とは船をつなぎ止める綱のことで、纜石はその綱をくくるための石を意味します。樺島町の植え込みの中にある纜石は以前、土木工事が行われた際に出土したもので、かつて南蛮船や紅毛船、唐船に船積みされて品物を陸揚げするために使った小舟（艀(はしけ)）をつないだ石だといわれています。

樺島町は長崎開港後の天正8年(1580)に、長崎半島の先、樺島に住むキリシタンが移住してきた町で、当初は三尺町と揶揄されるほど狭い町域でした。昭和48年(1973)の町界町名変更によって、それまでの樺島町、玉江町を含め現在の樺島町となります。

樺島町は大波止の桟橋に近いこともあって昭和50年代までは離島航路利用者や船員、造船関係者相手の旅館街や歓楽街が多く立ち並んだ地域です。かつて船員を対象に医療を行なっていた掖済会の長崎掖済会病院は地域性を表していると言えるでしょう。現在では市中心部ということもあってマンションが多く立ち並ぶ街になりました。

長崎くんちの奉納踊りは大波止から

当初の大波止は樺島町に属します。町には船着き場である大波戸(止)を管理する役場があり、脇には御制札が立っていました。大波止は、寛永11年(1634)の諏訪神社の祭礼の際、神輿が初めて渡御して仮宮が建てられた場所です。ここで遊女「高尾」と「音羽」が神前に小舞（コメイ）を奉納し、長崎くんちの奉納踊りが始まりました。当初の渡御には長崎村（本河内、中川、伊良林、高野平、小島、十善寺、西山、岩原、船津、木場、片淵、夫婦川、馬場の各郷）の住民が神輿を担ぎ、市街地の住民は笠鉾を作って行列をなして御旅所に向かったといいます。

また、樺島町のくんち奉納踊りといえば「太鼓山(コッコデショ)」。太鼓山は寛政11年(1799)から始まったといわれ、起源は大阪堺の壇尻(だんじり)といわれています。これは海沿いの樺島町に堺方面の船乗りが多く滞在していたことに由来します。

秋月藩の屋敷跡？ 享保16年創建の天満宮

樺島町天満宮の創建は神社の鳥居に「天保二年百年祭記念」とあるところから、天保2年(1831)の100年前である享保16年(1731)が創建と考えられます。現在の築城クリニック北隣にあり、ここは秋月藩蔵の屋敷があった場所と推定され、天満宮は屋敷内の鎮守神だったと考えられます。

樺島町天満宮（秋月藩屋敷跡）

大波止の鉄砲玉

この玉は寛永14年(1637)の島原の乱の際、幕府が原城を攻撃するために唐通事頴川官兵衛によって長崎でつくられたといわれています。原城に地下坑道を掘り砲撃の準備をしていたところ約50メートル掘り進んだあたりで城側に気づかれ、上から大小便を流し込まれたため使用されなかったようです。それ以来この玉は長崎へ入港する異国船などを威嚇したり、我が国の防備の固さを誇示するために大波止に備え付けられたといわれています。

大波止の鉄砲玉（てっぽんだまともいう）

玉の周囲は約170センチメートル、これを撃ち出す砲塔は長さが約16メートル、口径約91センチメートル、この玉を発射させるには約900キログラムの火薬が必要といわれていました（砲塔は行方不明）。

県の工業試験場が超音波検査や化学分析を行なった結果、直径56センチメートル、重さ56キログラムの鉄球で、内部には火薬類は詰まってなく空洞だったことが判明しました。

玉は当初、文明堂本店横付近にあり、その後、大波止橋付近に移設され、さらに道路の整備で今の場所に移されました。

岸の下の井戸

樺島町と万才町の境目にあたる崖(石垣)の下、現在、樺島町自治会事務所がある通りを以前まで岸ノ下と呼んでいました。また、崖(石垣)の下は開港当時、波打ち際でこの並びには多くの井戸があります。これらの井戸はポルトガル船やオランダ船、唐船などの飲料水に使われていました。現在では電信柱に当時の岸ノ下を見ることができます。

樺島町井戸

岸の下電信柱

大正時代の大波止の鉄砲玉

県庁周辺 ③ 江戸町

江戸と江戸町の関係は……

オランダ通詞とは
江戸時代にオランダとの貿易において、通訳と税関史をかねた役人。大通詞、小通詞、小通詞助、小通詞並、小通詞末席、稽古通詞、内通詞など階級がありました。

楢林鎮山宅跡

江戸町は長崎開港後に開かれた町ですが、江戸の繁華にあやかった説や江戸幕府が開かれた慶長8年(1603)に誕生したところから江戸町と命名されたといいます。昭和38年(1963)の町界町名変更によって、それまでの江戸町のほか外浦町、築町、本下町、玉江町の一部を合わせ今の町域となりました。いわゆる長崎(森崎)の先端とその周辺が町域であるところから、昔は長崎奉行所、近年まで長崎県庁や長崎県議会といった政治行政の中心的機関が置かれ、今も周辺に文明堂総本店や商店、飲食店が軒を列ねています。

通詞から転身、外科医となった楢林鎮山

出島表門橋の前に立つ石碑には紅毛外科の祖といわれる楢林鎮山(1648-1711)の名前を見ることができます。鎮山は江戸町生まれで、9歳のときから出島のオランダ人から蘭学を学び19歳でオランダ小通詞、39歳で大通詞となります。通詞時代はオランダ商館長の江戸参府に7回も随行し、オランダ人とはかなり交流があってか加担しすぎて勤方より閉門を命ぜられたこともありました。かねてより外科医に興味があった鎮山は通詞役を嫡子に譲り、紅毛楢林流外科を家業とします。鎮山は蘭学の翻訳だけではなく実験によってその理論を説き、また多くの門下生の育成に努めました。

楢林鎮山 Ⓚ

日本初、硝子輸入した川添硝子店

　江戸町には老舗ガラス店の川添硝子店があります。江戸時代末期、川添商店の初代川添甚兵衛は出島に置かれていた出島交易所の役人で、文久元年(1861)、雑貨商に転身、その後、二代目甚平の代になると明治8年(1875)に外国船シラリヤ号から二箱のギヤマンを買い受け、日本初の硝子輸入を行ないます。以降、硝子の需要が増大し、川添商店は川添硝子店に変わります。日清戦争など硝子の需要はさらに増し、絵硝子などの加工品も研究しイギリスなど海外への輸出も始めました。昭和初期の混乱期に会社は解散しましたが、第二次大戦後に復興し、長崎を代表する硝子商として今に至っています。

川添家墓所

県庁前が道路の終始点「道路元標」

　道路元標とは道路の路線の起点、終点などを表示するための標識で、主に国道や県道の終始点にあたる場所に置かれています。旧長崎県庁前は、長崎県(市)の起点として設置されていて、(1)国道34号線(起点:佐賀県鳥栖市)、(2)国道202号線(起点:福岡市)、(3)国道324号線(終点:熊本県天草市本渡)の各起終点になっています。

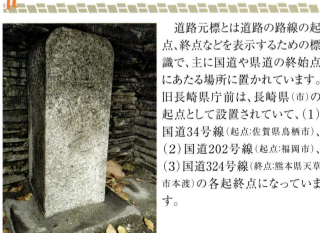

道路元標

旧長崎県庁第三別館

　江戸時代末期に長崎を警護する目的で結成された遊撃隊(のち振遠隊)は、明治5年(1872)、兵制が整ったため解散され邏卒(巡査)制度となり、羅卒屯集所を外浦町、西濱町鐵橋際、下り松町に置きました。明治7年(1874)に本署として長崎警察局を本大工町(現・魚の町)に設け、明治8年(1875)、長崎警察局は外浦町に移転。翌9年(1876)、長崎警察局が長崎警察署となり、東濱町の土地を購入。明治11年(1878)、東濱町に長崎警察本署を置き移転します。大正12年(1923)、外浦町に新庁舎を建て移転し、昭和23年(1948)、長崎市警察署に改称。昭和29年(1954)から現在の体制である長崎警察署となり、昭和43年(1968)、現在地の桶屋町に移ります。

留置場跡

長崎警察署跡(大正12年築)

県庁周辺 ④ 興善町

町名は博多商人の名前に由来

向井去来

向井去来(1651-1704)は、幼少時は慶千代で通称を喜平次(平次郎)といい、字を元淵、号を去来としました。蕉門十哲の一人となり、元禄2年(1689)の帰郷の際に詠んだ歌はとくに知られています。「君が手もまじる成るべし花薄(芒塚)」「稲妻やどの傾城と仮枕(丸山)」「故さとも今は仮寝や渡り鳥(本河内)」

向井去来生誕の地

興善町は開港直後に開かれた町で博多商人末次興善によって開かれました。のちに本興善町、新興善町、後興善町に分かれ、明治4年(1871)、三町は合併し興善町となりました。昭和38年(1963)に興善町をはじめ新町、豊後町、引地町、堀町などが合併し現町域となります。町内には長崎市立図書館や長崎市消防局があり、また、官庁街らしく司法書士や弁護士事務所などが多く立ち並んでいます。

蕉門十哲のひとり、向井去来生誕の地

長崎市立図書館北側角に向井去来生誕の地の碑が立っています。ここは旧町名では後興善町の町域で、去来の父である儒学者の向井元升が住んだ場所です。正保4年(1647)、儒学者の向井元升は、長崎奉行馬場三郎左衛門に願いを出し、東上町(現上町)に官学として孔子をお祀りした聖堂を立てて、長崎における儒学の学問所(立山書院)を創建します。その後、向井元升の三子元成が後継ぎとなり、以降は明治維新まで向井家が世襲しました。向井元成の弟である向井去来(1651-1704)もこの地で生まれました。8歳で父と共に京都に移住し、35歳頃、俳諧の道に進みます。松尾芭蕉の門下となり、やがて蕉門十哲(松尾芭蕉の10人の優れた門下)の一人となります。元禄2年(1689)に一旦帰郷し、長崎に蕉風俳諧を伝えました。

向井去来 Ⓚ

長崎南画三筆の三浦梧門

　長崎市消防局の北隣あたりに興善町乙名三浦家の屋敷がありました。三浦家は宝永6年(1709)より代々興善町の乙名職を務め、三浦惣之丞の長男梧門(1808-1860)も後を継ぎ、乙名職や長崎会所目付役となりました。梧門は同時に唐絵目利きであった渡辺鶴州や石崎融思などから南画を学び、後に長崎南画三筆(三筆は三浦梧門、木下逸雲、日高鉄翁)と呼ばれるようになります。梧門は屋敷を秋声館や香雨樓と称しました。庭園に青桐(異名碧梧)が植わっていたところから梧門と号したといわれています。

種痘の普及に奮闘した吉雄圭斎

吉雄圭斎の墓（春徳寺）

　興善町の東側、旧豊後町には吉雄圭斎(1859-1894)がいました。江戸中期に活躍したオランダ通詞吉雄耕牛の二代目幸載の次男にあたり、軍医ボンペや小島養生所教官ボートウィンなどに教えを受けて新しい医学を学んだ人物で、一般人に種痘がなかなか理解されなかった当時、身内を実験台として人々の誤解を説き普及に努めました。明治維新後、圭斎は陸軍軍医として活躍しました。

石崎融思の師、吉村迂斎

　吉村迂斎(1749-1805)は、名を正隆、通称を久右衛門といい、詩儒とあるのは詩人であって儒学者を意味します。迂斎はこの地にあった長州藩御用達の家の出身で、填詞(中国の古典文学で音楽につけた歌詞が文学化したもの)、古詩(自由な形式の中国の古典詩の一種)、新詩(漢詩が衰退した後の新詩体)に長けていました。門弟に石崎融思がおり、また、松浦東渓や田能村竹田などとも交流がありました。

長州藩蔵屋敷跡

末次興善

　興善町の名の由来となった末次興善は、長崎代官の初代末次平蔵の父親です。フロイスの「日本史」に書かれたキリシタン商人コスメ・コーゼンは、末次興善のことといわれています。

興善町の標識

ヒロスケ 長崎ぶらぶら歩き　県庁周辺

県庁周辺 ⑤ 五島町

五島出身者が暮らした町

●致遠館跡　●萬屋跡(古賀十二郎生誕の地)

藩屋敷ストリート

九州各藩は長崎警備の目的で多くの軍勢を長崎に派遣しなければならず、そのため市内には14ヶ所の藩屋敷が置かれていました。藩屋敷は長崎奉行所との連絡業務のほか長崎に入る世界情勢などを収集する重要な拠点で、現在の領事館的役割を持っていました。これは正保4年(1647)、長崎港の軍備のために九州各地の藩に動員したもので、当時、国交を断絶したポルトガル船来航時の対応のためといわれています。

※P28-P29の古地図参照

五島列島は長崎の開港より早くキリスト教の布教が開始されたところです。天正5年(1577)にルイス・五島玄雅が内乱のため女性と子ども合わせて300人を連れて五島から長崎に逃れます。2年後に島津義久の調停により五島に戻れることになるのですが、半数はそのまま海岸の地域に住みつき五島町(五嶋町)になったといいます。現在のKTNテレビ長崎の下の通りが最初に開かれた海岸沿いの地域です。のちに五島町は海沿いを埋立てて浦五島町を開き、当初の五島町は本五島町となり、昭和48年(1973)の町界町名変更で現在の町域となります。五島町は西に電車通り、東は官庁街に面し、ホテルやオフィス、住宅街の混在するビルが立ち並ぶ賑やかな街です。

「寛永長崎港図・部分」(長崎歴史文化博物館蔵)

海沿いを埋め立てて広がった五島町

長崎水道の父、倉田次郎右衛門

　五島町といえば、本五島町乙名で廻船問屋の倉田次郎右衛門を忘れてはなりません。当時の長崎の水利の悪さを憂い、寛文7年(1667)、長崎奉行松平甚三郎隆見の許可を得て水道工事に着手しました。倉田次郎右衛門は宅地など私財を投じて工事費に当てますが、困難を極め資金が不足していきます。長崎奉行松平甚三郎は倉田次郎衛門の活躍に感激し工事費を援助します。工事開始から7年後の延宝元年(1673)、ようやく完成した水路は、丸太材をくり抜いた水樋を杉皮などで包んで埋設したもので、敷設は八幡町から銅座町、大井手町から築町まで幹線を走らせ、各町に支線を通し市内の38町をまかなうものでした。以降、倉田家は給水や補修などを司る水樋係となり代々世襲されます。しかし、幕末から明治初期の外国貿易の増大と共にコレラなどの伝染病が流行しやすくなったため、明治24年(1891)、本河内水源地が建設され倉田水樋はその役目を終えました。

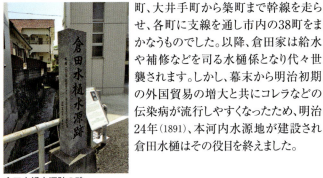
倉田水樋水源跡の碑

長崎学の祖、古賀十二郎

　古賀十二郎(1879-1954)は長崎市五島町の福岡藩御用達の商家萬屋に生まれました。12代目で明治12年生まれということもあって十二郎と命名されたともいいます。長崎市立商業学校から東京外国語学校に進み、広島で3年間英語教師として教鞭をとりましたが、長崎に戻り、長崎史談会を創設、長崎における歴史の基礎を築きます。大正8年(1919)、長崎市史編さんの参与編纂主任として招かれ、いわゆる「長崎学」の礎を固めました。また、明治45年(1912)の長崎県立図書館創設に尽力し、特に洋書収集ではオランダとの交渉役となり、その功績から大正9年(1920)、オランダからナツソウ勲章が贈られました。

古賀十二郎(長崎文献社蔵)

致遠館／早稲田大学発祥の地

慶応2年(1865)、諫早藩屋敷内に英学校の致遠館が大隈重信によって開かれます。ここはアメリカ人宣教師のフルベッキを校長に迎え、英語、天文学、土木建築学などを教えた学校でした。大隈重信もここで教壇に立ったところから早稲田大学の原点ともいわれています。

致遠館跡

県庁周辺 ⑥ 万才町

ルーツは長崎最初の町

高嶋家

長崎は天領ということで幕府から命ぜられた長崎奉行が支配しました。奉行の下で長崎の地元の役人（地役人）の町年寄が町の行政を司ります。町年寄は当初4人制、幕末には9人制にまで増やされます。そのなかの一人、高嶋氏の屋敷がこの地にありました。屋敷は天保9年(1838)、小川町の大火で焼失。主である秋帆は小島の別邸に移ります。その後、再建され、安政4年(1857)から3年間は屋敷内に医学伝習所も置かれました。明治維新後は旅館上野屋となるのですが昭和20年(1945)焼失。その後、家庭裁判所が建てられました。

高嶋家宅跡（現・家庭裁判所）

万才町は開港直後に開かれたいわゆる六町（大村、外浦、平戸、嶋原、横瀬浦、文知町）をいい、明治5年(1872)、嶋原町が萬歳町に改称し、昭和38年(1963)、周辺の本博多町や本下町などを合併して万才町となった町です。万才町はまさに町の中枢で長崎地検、家庭裁判所などがあり、弁護士事務所などが数多く軒を並べています。

オランダ通詞といえば、吉雄耕牛

旧長崎県警の植え込みにあった石碑は吉雄耕牛と刻されています。耕牛(1724-1800)は名を永章。通称は幸左衛門、のち幸作と改め、耕牛と号しました。代々吉雄家はオランダ通詞を職とし耕牛も14歳で稽古通詞となり、出世を重ねて25歳でオランダ大通詞にまで上ります。寛政2年(1790)オランダ通詞目付となった耕牛は、オランダ語のほか天文、地理、本草学などを究め、特に祖父寿山のときから始めていた医学では、若い頃から読んでいたブレンキの外科書により外科を得意とし商館医ツュンベリーにも指導を受けます。このほか尿診断や梅毒の研究などを開拓し、ついには吉雄流外科の祖となるのです。当時、門下生は1000人に達したといわれ、前野良次、杉田玄白、平賀源内、大槻玄沢、林子平、司馬江漢など耕牛を師事し、とくに杉田玄白らが手掛けた「解体新書」の序文を耕牛が書いたことは有名です。また、新しもの好きの耕牛は屋敷2階をオランダ部屋として多くの輸入品を並べ博覧会の起源ともなりました。

吉雄耕牛宅跡の碑（現在工事移転中）

鎖国という語を造った志筑忠雄

　志筑忠雄(1760-1806)は江戸後期の天文学者で本姓を中野、字を柳圃といいます。志筑忠雄は宝暦10年(1760)、長崎の豪家中野家に生まれ、のちにオランダ大通詞の志筑家の養子となります。17歳で稽古通詞となりますが上達なく翌年辞退。その後、蘭学に専念し特に近世実験科学や、なかでも物理、化学、天文、地理、暦学などに詳しく、このほか語学にも長けていました。享和元年(1801)、鎖国論を著作(ケンペルの日本見聞録の抄訳)、このとき使われた「鎖国」の語は志筑忠雄の造語といわれています。このほか「衛星」も志筑の訳出です。

日本の近代化に貢献した本木昌造

　本木昌造(1824-1875)は名を永久、通称は昌造、悟窓と号しました。長崎市新大工町の乙名北島三太夫(馬田又次右衛門説も)の子として生まれ、天保5年(1834)、11歳のとき、母の兄であった本木昌左衛門の養子となります。本木家は代々オランダ通詞役を務めていた家で、元来平戸の人でしたが官命により長崎に移って来ます。本木昌造もオランダ通詞となり嘉永6年(1853)のペリー来航時には他の通詞と通訳を務めます。また、西洋の技術に着眼し西洋活字の鋳造、製鉄業、造船、航海業と多くの業績を残し、なかでも万延元年(1860)には飽ノ浦製鉄所(のちの三菱造船所)の御用掛(のち頭取)となり、さらに私塾の経営、明治元年(1868)には鐵橋の架橋など日本の近代化に大きく貢献しました。

五足の靴

　五足の靴とは明治40年(1907)の夏、与謝野鉄幹、木下杢太郎、吉井勇、北原白秋、平野万里らが九州西部を旅行し5人で書いた紀行文のことをいい、5人が執筆したところから五足の靴とされています。とくに長崎や天草などではカクレキリシタンについて執筆されています。佐世保から長崎入りした彼らは上野屋旅館(現・家庭裁判所)に滞在し、翌日、船で天草に渡りました。帰京後、紀行文五足の靴を東京二六新報に発表し、我が国南蛮趣味文学の先駆を成し遂げました。

　現在記念碑のある場所はゆかりの地ではなく、正しくは高嶋家跡です。

鐵橋(『ながさき浪漫－アルバム長崎百年』より)

県庁周辺 ⑦ 賑町
ふたつの木が合わさる『ニギ合う』町

鳥居に刻まれた旧町名

坂の上天満宮の鳥居には、旧町名が刻まれています。

坂の上天満宮

　賑町は昭和38年(1963)、周辺の本下町、今下町、材木町、築町、本紺屋町を統合し作られた町で、築町市場に隣接し商店が多く立ち並んで古い商店から新しいオフィスなどさまざまの業種が混在しています。

　町の由来ともなった賑橋は江戸時代、榎津橋または第十三橋と呼ばれ、江戸時代初めに木廊橋として架橋されました。寛文6年(1666)、崇福寺の大檀越であった何高材（がこうざい）の寄進によって石橋に架けかえられましたが、寛政7年(1795)の大水害で流失し、寛政11年(1799)公費で再架橋されて明治34年(1901)フラットトラス構造の橋に架け替えられます。

　その際、付近が魚市場などで合って賑わっている様子や、橋の東が榎津町、西側が材木町ということで、二つの木(キ)が合わさる「ニギ合う」ということで賑橋と改称されます。現在の橋は平成2年(1990)に再架されたものです。

石橋の賑橋を寄進した何高材の墓(崇福寺)

菰のなかから現れた天神さま

　坂の上天満宮にはつぎのような逸話が残っています。元和寛永年間、現在の法務局には大音寺がありました。寺を訪ねた旅人が残した菰を開いて見ると、天神さまの像が現れました。粗末にしてはいけないと、すぐに社を建てました。数年後、大音寺は現在の寺町に移転、天神さまも一緒でした。ある夜、お坊さまの夢枕に"元の場所に戻すように"と天神さまが現れ、すぐにお告げの通りにしたといいます。当時、この天神さまのことを土産天神と呼んだそうです。

「深堀騒動」は赤穂浪士討ち入りのモデルに？

　元禄13年(1700)12月19日夕刻、天満坂(現法務局横)において深堀藩士2名が、当時財力と権勢を誇った町年寄高木彦右衛門の一行とすれ違った際、誤って泥はねをして着物を汚したことが始まりです。その夜、高木家の武士が深堀家屋敷に仕返しに行き、武士の魂といわれる刀を奪い屋敷を荒らして帰ります。一方、今度は翌朝、深堀から多勢を引き連れ西濱町の高木邸に屈辱を晴らしに向います。これは町年寄という立場であったが町人である高木彦右衛門に対し、武士である深堀藩士が面目を晴らすという身分の違いによって起こった争いでした。高木彦右衛門を始め多くの者は討たれ、討ち入りが終わります。当事者の2名(深堀三右衛門、志波原武右衛門)は高木邸と大橋(現鉄橋)の上で切腹、討ち入りに参加した他の藩士は切腹や島流しになりました。この1年後、赤穂浪士の討ち入りがありましたが、深堀藩士の討ち入りを参考にしたともいわれています。なお、この深堀義士の墓が深堀の菩提寺に「十人義士の墓碑」として残っています。

つたのなかに「正面」の文字

　大音寺が現在地に移転した後、長門国(山口県)岡崎八幡宮の神主がこの地に訪れ、享保18年(1733)、官許により天満宮を開いたのが起源といわれています。当時は高台ということもあり多くの市民が眺望に訪れました。明治維新後、一時社地が私人の手に渡りますが明治31年(1898)に有志により復活、社殿を復興させます。しかし昭和20年(1945)、原爆の影響で焼失。昭和30年(1955)に坂の下の賑町に移転します。現在、跡地の石垣には社殿の正面を表わす「正面」の字が残り、東小島町の八釼神社末社の菅神社の石祠は坂上天満宮の当初のものといわれています。このことから法務局横の坂を天満坂ともいいます。

天満宮、「正面」の文字

中央公園のSL

　昭和20年(1945)、原爆投下後の国鉄長崎線には多くの命を救ったといわれる救援列車がありました。その列車をけん引したのがSL「C51型機関車」です。昭和48年(1973)ごろ長崎市はそのSLの展示を計画し、国鉄門鉄局(現JR)に要請します。しかし東京青梅や新潟などで展示保存している3台を除いて昭和35年(1960)にすべて解体されていたため、門鉄局は同型で長崎にゆかりのあるSL「C57型100機関車」を贈ることになりました。SL「C57型100機関車」は第二次大戦後に東京長崎間を走った特急「さちかぜ」のけん引車で、昭和48年(1973)、北九州小倉から長崎の中央公園へ運ばれました。平成29年(2017)に解体され、車輪がJR長与駅前や三芳町に保存されています。

中央公園のSL

第4章 宮ノ下周辺
石橋のある町
「馬町」「炉粕町」「古町」「今博多町」
「桶屋町」「大井手町」「出来大工町」

長崎游学マップ⓬

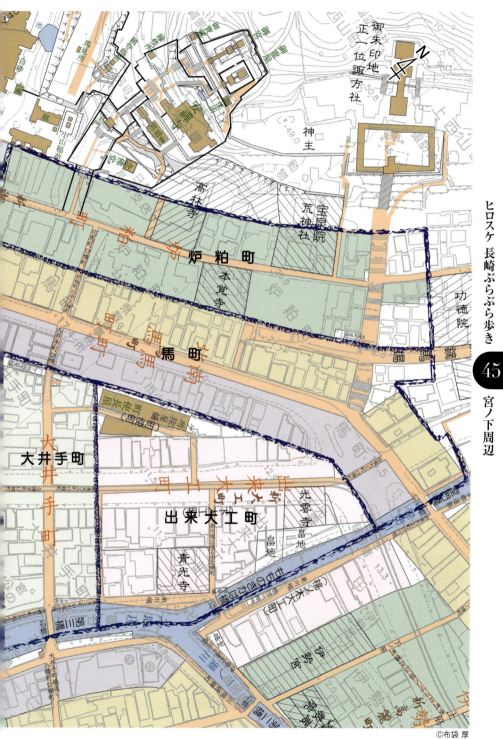

宮ノ下周辺 ① 馬町

長崎奉行の馬がいた

馬町は長崎の中心部から北部方面へ伸びる町として広がり、長崎街道や長崎奉行所などの公用馬を扱う町として発展します。寛文12年(1672)からは通りの北側を北馬町、南側を南馬町と称し、明治5年(1872)に現在の町域として馬町に統一されました。長崎の幹線道路でもある国道34号線が町を貫き、オフィスやマンションの多い町となっています。

市民活動センター過去の記憶、山之邊寅雄邸

馬町のちょうど中央に位置し、現在では長崎市の市民活動センターとして利用されている建物は、大正11年(1922)に建てられた2階建洋風建築で登録有形文化財に指定されています。竣工当初は長崎市議会議員で地名士でもあった山之邊寅雄が邸宅として使用していましたが、第二次大戦後、長崎市が旧長崎市博物館を日本銀行長崎支店に譲渡することになり、その移転先として山之邊邸を長崎市が購入して長崎市博物館に転用しました。博物館が昭和30年(1955)に平野町へ移転すると改装して市長公舎となり、のちに長崎市教育庁舎、市民活動センターと利用されています。

山之邊寅雄宅跡

宮ノ下周辺 ❷ 炉粕町
炉を使ったから？ルカス教会があったから？

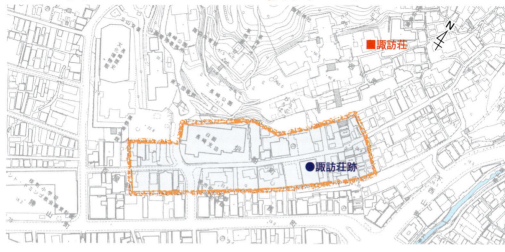

炉粕町は別名を宮前町ともいい、諏訪神社の門前町として発展した町です。江戸時代は多くの寺院もあり仏具の鋳造など炉を使った商売があったと考えられ、炉粕町の名称となったとか、セント・ルカス教会があったなど諸説あり、その起源は定かではありません。現在はマンションや邸宅などが立ち並ぶ住宅地ですが、日本銀行長崎支店もある閑静な場所です。

日本銀行前の通り

児童養護施設を開設した佐々木祐俊

大正4年(1915)、炉粕町の地に佐々木祐俊によって淳心園が開設されます。この淳心園は今でいうところの児童養護施設のことで、恵まれない子ども達のために開かれました。設立当初は炉粕町53(踊馬場下付近)にあって、同年、銅座町に移転します。施設設備が整えられ、さらに大浦保育部や中新町に大善保育部を設けるなど淳心園は児童福祉に幅広く貢献していきます。そして、長崎県初となる児童託児所の大浦託児所の開設へと活動を広げていきました。

諏訪荘

本覚寺は明治維新を受け廃寺となり、その後、当時の豪商永見寛二が建て替えし、大正9年(1920)に屋敷を構えます。昭和11年(1936)には、純和風旅館の諏訪荘となり、皇族などがお泊まりになるなど長崎を代表する旅館として知られました。昭和59年(1984)に廃業し、一時、マンション建設などで解体されるところでしたが、日経連の今里廣記らの協力で平成2年(1990)、諏訪神社境内の現在地に解体移転します。現在は諏訪神社の祭事などに使われています。

諏訪神社に移築された諏訪荘

宮ノ下周辺 ③古町

かつては寄合町だった

最高地点の電停は古町の方へ

長崎電鉄は大正4年(1915)の第一期線、築町－病院前の開通を皮切りに、翌5年(1916)に大浦－千馬町間。大正8年(1919)長崎駅前－桜町間が開通。そして大正9年(1920)桜町－馬町間が開通します。これを桜町支線といい、コースは現在の桜町電停から桜町公園の周りをまわる形で桜町小学校の南側に向かい、最高地点に桜町の電停があって古町の方へ進んでいました。電車としてはたいへんな急勾配を上るコースで難所ともいえる路線でした。昭和29年(1954)、桜町付近の交通対策の一環として立体交差が建設されると線路の駅側は道路に、古町側は勝山市場や住宅となり今に至ります。

上の地図の紺色のルートが旧桜町支線の跡です。

長崎開港後、市内各所に遊興の場が点在するようになります。江戸時代には統制のため一か所に集められて寄合町が誕生します。寛永18年(1641)、官命により丸山の地が開かれる際、寄合町は丸山町の隣地に移設されて、跡地となった場所が古町となりました。

流失すること三度、古町橋は昭和の石橋へ

中島川にかかる古町橋は江戸時代には第五橋と呼ばれ、古町にかかっているところから通称として古町橋と呼ばれていました。明治15年(1882)、西道仙により古町橋と命名されます。河村嘉兵衛の母で妙了が私費にて元禄10年(1697)に架橋したものですが、一説には施主が河村嘉兵衛で建立が妙了ともかかれています。享保6年(1721)、享保の大水害で流失後、元文4年(1739)僧の周傳によって再架されますが、寛政8年(1796)の寛政第2次大水害で再び流失。享和3年(1803)、官命によって再架されます。昭和57年(1982)、長崎水害で流失したのち、昭和61年(1986)に昭和の石橋として生まれ変わります。

古町橋

宮ノ下周辺 ④今博多町

編み笠で顔を隠して橋渡る

六町のすぐ外に広がった博多町は手狭になり、市街地に新たな博多町である今博多町が開かれます。網笠橋は江戸時代は第四橋と呼ばれ、明治15年(1882)に西道仙により網笠橋と命名されました。木橋として架橋され、今博多町に遊廓があった頃、武士などが編み笠で顔を隠して登楼したことや、今博多町を"あめがた町"と呼んだところから"あめがた橋"そして編笠橋となったといわれています。元禄12年(1699)有力者岸村夫妻によって石橋が架けられ、享保6年(1721)、寛政7年(1795)に流失しますが、官命によって享和2年(1802)に再架されます。昭和57年(1982)に流失し、昭和61年(1986)、石橋として生まれ変わります。

編笠橋

お宮を建立した川上久右衛門光房

元和年間(1615-1623)肥前松浦郡の川上久右衛門光房が今博多町に移り住み、寛永3年(1626)、祖先より伝わる菅原道真自筆の掛け軸を祭神としてお宮を建立します。明暦2年(1656)、西山に移転して松森神社となり、跡地には万治元年(1658)僧の大行院常学が庵を建て仏教の説教場を開きます。享保8年(1723)、僧映澄が天満宮を建立し、その後、祈祷所や寺坊、本門などの建立が進み、明治維新を経て神社となり今博多町天満宮となります。

今博多町天満宮

昭和44年(1969)川沿いの道路建設のため今博多町天満宮は社殿などすべてが松森天満宮境内に移転となりました。

かつて今博多町天満宮があった通り

松森天満宮に移設された今博多町天満宮

宮ノ下周辺 ⑤ 桶屋町

その名の通り、桶職人街からはじまった

■向陽山光永寺
●園山善爾の石像、墓所
■桶屋町天満宮

桶屋町は開港後に開かれ、風呂桶や手桶といった日用品の製作にあたる桶職人街からはじまった町です。現在は住宅地が主で、町域には光永寺などが立っています。

施粥（せじゅく）で市民を救った園山善爾

桶屋町にある光永寺には江戸時代の慈善家園山善爾（1614-1684）の墓所があります。本名を信庸といい、大阪の和泉の農家の家系でしたが貿易商人となり寛永7年（1630）に長崎入りし、唐貿易で莫大な利益を上げます。天和年間（1681-84）、長崎が飢饉に陥ったとき善爾は施粥をし、多くの長崎市民を救いました。善爾は信仰も厚く、元禄2年（1689）、明版蔵経9495巻と経蔵を光永寺に寄附し、翌3年（1690）には私費で阿弥陀橋を架橋します。なお、光永寺にはその功績を称えた園山善爾石像や石碑があり、境内には墓所が置かれています。

桶屋町天満宮

桶屋町天満宮の創建は不明で、境内にある鳥居の建立年＜嘉永2年（1849）＞から創建は江戸時代後期と考えられます。祭神は菅原道真公で、社殿は本殿と楼門からなり、楼門の横には弘法大師をお祀りする桶屋町大師堂が置かれています。また、くんちや他の行事など天満宮は桶屋町の会合の場にもなり地元の氏神さまとしてたいへん親しまれている存在です。

桶屋町天満宮

園山善爾の石像（光永寺）

歴史ある光永寺、福澤諭吉も滞在した

慶長末期(1610年頃)、肥前国唐津出身の唐津久兵衛は、幕府が禁教令を発しているにもかかわらずいっこうにキリシタンの勢力が衰えないことに憤りを感じ、自ら仏門に入り慶西と名乗って長崎入りします。浦上村に庵を構え布教活動を始めますが、キリシタンの妨害が強く命を狙われることもあったといいます。第3代長崎奉行長谷川左兵衛藤広は慶西の働きに対し寺の建立を許可し、土地を与え寛永19年(1642)に向陽山光永寺が創建されました。

寛文の大火で焼失した後に再建され、元禄2年(1689)には貿易商人・園山善彌が明版蔵経9495巻と経蔵を寄附し信庸庵を完成させました。寺は唐船などからの寄進を受け寺格も昇進して行き、寛政7年(1795)には御朱印地格に命ぜられ本堂、山門、鐘楼などますます充実しました。幕末、福澤諭吉もこの寺に滞在しました。明治維新後は長崎県議会場や日曜学校などの場所として使用されましたが、昭和20年(1945)、原爆の影響で本堂などは倒壊、平成元年(1989)、本堂再建を皮切りに梵鐘など施設整備が進み今に至ります。

福澤先生留學址の碑

長崎県議会発祥の地

前年の地方3新法(府県会規則ほか)の制定により明治12年(1879)1月、第1回県会議員選挙が郡区毎に行われ長崎県(現・佐賀県含む)に62人の県会議員が誕生します。しかし、当時の県庁舎には議事堂がないため光永寺を月85円で借り受け、3月17日に長崎県初の県会が開催されます。小城郡の松田正久が議長となり50日間の会期で議事細則案などが審議されました。光永寺の県会は交親館完成まで2年間5回にわたって行われました。

福澤諭吉(福沢先生遺墨集:伝記完成記念)

光永寺

宮ノ下周辺 ⑥ 大井手町

水を引き入れるための井手からついた町名

大井手町は開港後に開かれた町で、桶屋町や出来大工町など職人街だったと考えられます。また、当時、中島川沿いに水を引き入れるための井手、井堰があった場所で、そこから大井手の名称がつきました。現在は主に住宅地で、町域には公善社大井手町斎場があります。

無駄使いせずに惜しむな、と説いた岡正養

ぶらぶら節の歌詞に登場

ぶらぶら節は長崎の代表的郷土民謡で、江戸時代末期の嘉永安政年間(1848-1860)花街丸山を中心に流行したお座敷唄です。唄は20番以上もあって「大井手橋」と歌詞が入るところもあります。

♪大井手橋の上で 子供の旗喧嘩*1 世話町*2が五、六町ばかりで二、三日ぶうらぶら ぶらりぶらりと いふたもんだい チュウ

*1 旗喧嘩は"おかべーロン"のこと。
*2 世話町とはくんちの年番町を意味する。

大井手橋

大井手町にかかる大井手橋は、篤志家の岡正敏（岡市郎右衛門正敏）によって元禄11年(1698)に架けられました。また、翌12年(1699)には弟の岡正恒が魚市橋を架橋します。ふたりの父親岡正養は「倹(ケン)にして吝(リン)ならず」と唱えていた人物です。倹とは無駄使いをしない、吝は惜しむの意味を持ちます。

宮ノ下周辺 ⑦ 出来大工町

桃渓橋を架橋した僧、卜意

卜意地蔵

長崎開港後、町が大きくなると共に大工町が拡大して開かれた町が新大工町。寛文12年（1672）の寛文の改革で新大工町を東西に分け、西側に位置する町が出来大工町となりました。中島川の支流西山川にかかる桃渓橋は僧である卜意（1607-1698）によって架けられました。永島仁左衛門卜意として慶長12年（1607）に誕生、晩年には僧となり、延宝7年（1679）、財を募って桃渓橋を架橋しました。延宝8年（1680）に地蔵尊を建立（後に卜意地蔵と呼ばれます）。延宝9年（1681）、不動明王像建立と3年にわたって施しを行った尊い人物として伝わっています。

鶴鳴学園の設立者、笠原田鶴子

鶴鳴学園は笠原田鶴子によって明治29年（1896）、出来大工町に長崎女学院として設立されました。鶴鳴は創立者の名に由来するもので、中国の最古の詩集詩経の中の句には「鶴九皐（クキョウ）に鳴いて声天に聞こゆ」にちなむとあり、鶴のように清らかで節操高い女性となり名声を上げて欲しいとの願いが込められています。

笠原田鶴子（長崎女子高校所蔵）

月桂山光雲寺の火事除け地蔵

明治16年（1883）、大井手町で火災があり光雲寺の隣りまで延焼しました。鎮火後、町内の者が光雲寺へお礼に行きます。延焼の際、黒衣の僧が冷静沈着に消火に努め、鎮火後に光雲寺へ戻って行ったとのこと。しかし、光雲寺の僧は消防の指示で外出しなかったと言い、町内の者は不思議に思いながら帰る途中、地蔵堂の地蔵尊が黒ずんでいるのを見つけます。火災の時の僧は地蔵尊だったと判かり、火事除け地蔵と呼ばれるようになりました。現在この地蔵尊は光雲寺山門下に安置されています。

火事除け地蔵

第5章 伊勢宮周辺
ゆかりの文化人が多いところ
「伊勢町」「麹屋町」「八幡町」「新大工町」

ヒロスケ 長崎ぶらぶら歩き ㊺ 伊勢宮周辺

伊勢宮周辺 ① **伊勢町**

町の中央に位置する伊勢宮

秀吉の朝鮮出兵によって連れて来られた朝鮮半島出身者が中島川沿いに住居を構え高麗町が誕生します。のちに移転を命ぜられ新高麗町が中島川上流に誕生し、延宝8年(1680)に町内の伊勢宮にちなみ伊勢町と改称しました。現在の伊勢町はマンションや病院などが建ち、町名の由来となった伊勢宮が中央に位置しています。

正義を貫いた大神甚次郎

伊勢町の大神甚次郎(1815-1885)は仁侠義気があり、安政6年(1859)に本大工町の布屋某とその親戚が紛争を起こした際、その解決に身を投じました。

布屋の親戚と町使、調役の小柴喜左衛門らは結託し布屋の家財横領を企てていました。それを知った甚次郎はその企てを市内に貼り出し公表しましたが、その行為は罪となり奉行所によって投獄させられます。しかし、奉行所吏員による妨害で奉行には伝えられず事件は伏せられたため、激怒した甚次郎は小柴喜左衛門宅を砲撃し再び投獄されます。奉行は横領より砲撃の方が重大と判断。しかし、甚次郎も砲撃の原因となったのは吏員の行為であると訴えます。当時、吏員の腐敗は甚だしく吏員を裁くことは幕府の失態との理由で判決が先延ばしされて明治を迎えました。甚次郎は明治元年の大赦によって釈放され、以降も弱者の味方として活躍したということです。

大神甚次郎の墓所

大神甚次郎墓所
(本河内1丁目墓所)

江戸初期、町には教会があった

長崎の町建てが始まる前(16世紀末頃)、榎津町(現・万屋町賑橋の通り)の東側には、秀吉の朝鮮出兵後、日本に渡って来た朝鮮高麗の人たちが住んでいました。当初はそこを高麗町と呼んでいましたが、町の拡大に伴い高麗町の人を中島川上流に移転させます(高麗町は鍛冶屋町に改名)。そして、移転した場所は新しく開かれたということで新高麗町と呼ばれるようになります。朝鮮高麗の人々のほとんどはキリシタンで、その中心にサン・ロレンソ教会が建てられたものと考えられています。創立はキリシタン全盛期の慶長15年(1610)で、慶長19年(1614)に禁教令によって破却されました。

伊勢神宮の造りを模した伊勢宮

いつの頃からか新高麗町には天照皇大神を祀った祠がありました。しかし、長崎開港直後の天正時代、キリシタンの勢力により破却状態にあり、その後、寛永年間(1625年頃)キリシタンを排除するようになって来ると、新高麗町の町民らが寛永5年(1628)にこの天照皇大神を再興する機運となります。町民は天台宗修験者・南岳院存祐を推して奉行所に申し出をし、創建となります。さらに、延宝8年(1680)、新高麗町は伊勢宮があるところから伊勢町に改称しています。この伊勢宮は三重県伊勢市の伊勢神宮と同じように川端にあり、川が常世の国につながるという伊勢神宮の造りを模したものといわれています。また、拝殿の三方には元禄9年(1696)に代物替貿易取締伏見屋四郎兵衛が奉納した三十六歌仙の額があります。

伊勢宮

高麗橋

高麗橋は江戸時代、第二橋と呼ばれ、伊勢宮橋と俗称もありましたが、明治期に西道仙により高麗橋と命名されます。高麗とは橋の架かる伊勢町の旧名・新高麗町からとったもので、承応元年(1652)に架けられました。しかし誰が架けたのか正確にはわからず、長崎図志などには「明人平江府等建」とあり地名なのか人名なのか、おそらく当時の興福寺の檀徒の中国江蘇省蘇洲出身者ではないかと考えられています。

このほか異説もあり、伊勢宮の宮司が寄付を集めて架橋したとか、江戸時代の旧町の28町が寄進して架橋したなど説も様々。昭和57年(1982)の水害で流失は免れますが、その後の河川改修で無残にも撤去され鉄筋コンクリート橋になります。現在、橋全体は西山ダム下の公園に復元され、また、光雲寺山門に旧高麗橋の親柱を見ることができます。

旧高麗橋の親柱

伊勢宮周辺 ② 麹屋町
「麹屋町には麹屋が残る」

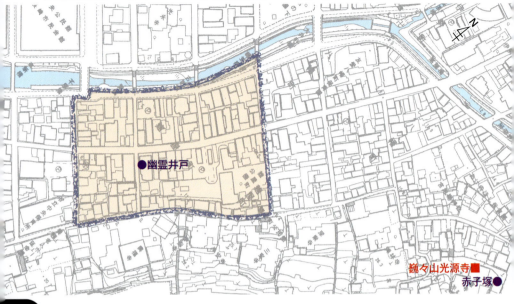

中村三郎の歌碑（長崎公園）

中村三郎の墓所（晧台寺）

長崎の町の勢いと共に衣料品として紺屋職人街の紺屋町が誕生し、町の拡大と共に中島川流域に発展します。当初の紺屋町を本紺屋町、新しい紺屋町を新紺屋町といい、新紺屋町はのちに麹屋の職人街となり正保年間(1644-48)に麹屋町となりました。昭和41年(1966)に町界変更がなされ、紺屋町、本紙屋町などと合併して現在の麹屋町となります。麹屋町には今なお一軒の麹屋があり、本通りには商店やマンションが立ち並び賑やかな町となっています。

大正時代に活躍した歌人、中村三郎

中村三郎(1891-1922)は長崎市麹屋町の写真屋に生れ、勝山高等小学校卒業後、長崎新報の記者となり、また作家活動も始めます。大正8年(1919)に上京し、若山牧水の創作社に入り助手をつとめて、全国に名を知られるようになりますが、31歳で夭折しました。有名な歌に「川端に牛と馬とがつながれて　牛と馬とが風に吹かるる」があります。

麹屋町は民話の舞台「あめやのゆうれい」

　ある夜、麹屋町の飴屋にひとりの女性が一文分の飴を買いにきました。主人が飴を渡すとすぐに消え去りそれが毎晩続きました。7日目にはお金がないので飴を恵んで欲しいといわれたので、主人は仕方なく飴を与えました。奇妙に思った主人が、店を出た女性の後をつけていくと光源寺内の墓の中へ入っていくのがみえました。主人が寺の住職に話すと、住職はその墓にお経を上げ鍬を入れることにしました。するとそこには産まれたばかりの赤ん坊がいたのです。すぐに赤ん坊は父親の元に届けられました。父親に事情を聞くと、以前、京都で女性と恋仲にあったが別れ、長崎で親が決めた女性と結婚したとのことでした。京都から長崎に男を追ってきた女性は結婚のことを知ってショックで倒れ亡くなってしまったのです。男はその知らせを聞いて不憫に思い、光源寺に葬りました。しかしこのとき、女性のお腹には赤ん坊がいて墓のなかで産んでいたのです。女性は棺の中に入れていた一文銭6文(これは三途の川の渡し料の意)を使って飴を買い赤ん坊を育てていたことがわかりました。

　数日後、飴屋の主人のところにあの幽霊が子どものお礼に訪ねて来て、恩返しをしたいといいます。主人が水に困っていると伝えると「明朝、私のくしのある所を掘りなさい」と告げて立ち去りました。翌朝、櫛が落ちているところを掘ってみると水が湧き出し、以降、水に困ることがなかったといいます。

　現在、麹屋町5番地泉屋ビル横に井戸(跡)があります。そこが水が湧き出した所といわれ、別名幽霊井戸と呼ばれています。

幽霊井戸と呼ばれる井戸。現在はポンプの礎石が残る

赤子塚民話の碑(光源寺)
子を想う母の心と情を伝えるこの話が継承されていくことを念じて建てられた。

産女の幽霊像(光源寺)
(『わたしの好きな長崎の神さま』嬉野純一より)

ヒロスケ 長崎ぶらぶら歩き　伊勢宮周辺

伊勢宮周辺 ③八幡町

八幡大菩薩にちなんだ町名

中島川上流には紙漉き職人が住するようになり紙漉町、紙屋町が誕生します。のちに新紙屋町が拓かれますが、延宝8年(1680)に町内にお祀りされていた八幡大菩薩にちなんで八幡町になります。昭和41年(1966)の町界変更で紺屋町や本紙屋町などと合併し現在の八幡町となります。本通りには商店やマンションが立ち並んでいますが、寺町側には古い町家が今もあり静かな住宅街になっています。

崎陽の三画人、木下逸雲

木下逸雲(1799-1866)は八幡町乙名木下勝茂の三男として生まれ、本名を木下相宰、号を逸雲といいます。家業として漢方医学や、さらには蘭医なども学びました。射術や茶道、書などにも優れ、とくに絵に興味を持ち石崎融思や江稼圃などに南画の教えを受け、京都で大和絵などの技法も習得します。このほか幕末には伊良林の亀山焼の復興も手がけたといいます。なお、木下逸雲、三浦梧門、日高鉄翁を、崎陽の三画人または三筆と呼びます。

木下逸雲(長崎市案内板より)

木下逸雲宅跡(八幡町)

町検番の凸助、「長崎ぶらぶら節」を初レコーディング

長崎で芸妓が出現したのは江戸時代中期の天明元年(1781)ごろで大坂より長崎入りします。しかし、長崎では遊女が芸妓の役割も持っていたので、遊女から不評で後に禁止となります。一方、長崎でも芸妓が自然発生し、色と芸との区別化が進んでいきました。遊女たちの歌舞音曲は自然と衰退し、明治5年(1872)の遊女解放令で新たな公娼(こうしょう)制度が始まると、料亭の台頭で芸妓を中心とした花街文化が花開き始めます。丸山検番(後の南検番)と長崎町検番＜明治40年(1907)創立＞とが誕生し、ここで「山芸妓」と「町芸妓」が生まれます。

検番は最盛期の昭和初期、丸山には東、南、南廊の3軒の検番、本紙屋町に長崎町検番、このほか稲佐検番、出雲町検番、戸町検番が作られ数百人の芸妓が在籍しました。第二次大戦を終え花街が衰退し、ついには丸山南検番と長崎町検番の2軒のみとなり、昭和24年(1949)長崎町検番は丸山南検番(後の長崎検番)と合併し姿を消します。長崎町検番の名妓としてはお竹、お常、黒助、五助、凸助などがいます。

凸助は、本名山本多満。佐世保市の早岐に生まれ、長崎市新橋の料亭一力の養女になりました。昭和5年(1930)に長崎で初めて「長崎ぶらぶら節」をレコードに吹き込んだ芸妓としても有名です。日本コロムビアの前身、ニッポノホン盤として録音されました。「長崎ぶらぶら節」は、長崎に伝わる民話や人々の暮らしのなかから生まれてきた歌詞で、長崎の風習や遊び、心意気などが歌われています。

陶製の鳥居

八幡神社には明治21年(1888)に奉納された佐賀県の有田焼の鳥居があります。銘には製造:岩尾久吉、角物細工人:金ケ江長作、丸物細工人:峰熊一とあり、この種の鳥居は日本に3基しかないといわれています。市指定文化財。

陶製の鳥居

凸助(料亭一力所蔵)

町検番のあった本紙屋町

伊勢宮周辺 ④ 新大工町

大工の町は、長崎の発展とともに広がる

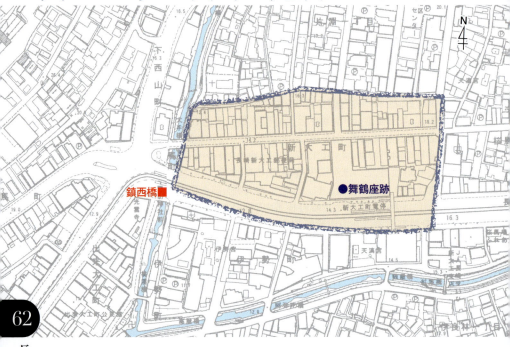

本木昌造像(長崎公園)

長崎開港後、長崎の町と共に大工町が発展して拡大し、新たに開かれた町が新大工町(大工町は本大工町になります)で、寛文12年(1672)の寛文の改革で新大工町を東西に分け、東側に位置した町を新大工町と呼びました。

日本の近代化に貢献した本木昌造

活版印刷の祖といわれるオランダ通詞の本木昌造(1824-1875)は、名を永久、通称は昌造、悟窓と号しました。新大工町の乙名北島三太夫の子として生まれ、天保5年(1834)、11歳のときに母の兄であった本木昌左衛門の養子となります。本木家は代々オランダ通詞を務めていた家で、官命により平戸から長崎に移って来ます。本木昌造もオランダ通詞となり嘉永6年(1853)のペリー来航時には他の通詞と通訳を務めました。また、西洋の技術に着眼し西洋活字の鋳造、製鉄業、造船、航海業と多くの業績を残し、なかでも万延元年(1860)に飽ノ浦製鉄所(のちの三菱造船所)の御用掛(のち頭取)となり、さらに私塾の経営、明治元年(1868)には鐵橋の架橋など日本の近代化に大きく貢献しました。

西日本第一！舞鶴座はここにあり

　明治17年(1884)頃、当時の県令(知事)石田英吉が発起人となり劇場を作る動きが起ります。本古川町の帯谷宗七が中心となって多くの有志を募り、明治23年(1890)、舞鶴座を竣工します。当時、舞鶴座は西日本第一といわれた劇場で、総檜造りで廻り舞台などがあり、吊り天井に花道などは最新設備が整っていました。収容人数2,296人を誇る大劇場舞鶴座には多くの名優が訪れ、大変な賑いを見せていました。

中央の大きな建物が舞鶴座
(長崎歴史文化博物館蔵)

　その後、大正4年(1915)に長崎劇場と改称、大正6年(1917)には三菱長崎造船所所有となり中島会館として三菱の娯楽施設となるのですが、第2時大戦中に解体されます。建坪は、新大工市場から現在の電車通りにかけての広大なもので、約600坪あったといわれています。

九州最大の幅23メートル道路

　江戸時代から明治大正にかけ新大工町の通りは交通の要所として栄えますが、明治初めの日見峠の開削や大正の日見トンネルの開通で時代が車社会に移り、新大工町の通りは混雑し始めます。一方、昭和の初め、長崎市は九州最大の都市ということもあって九州に誇れる道路計画を打ち出します。それが23メートル幅の、当時九州最大の道路で昭和9年(1934)に完成しました。

　道路には3つの橋(一之橋、中之橋、鎮西橋)があり、欄干には御影石が使われ、さらに灯ろうまで設けるなど当時の最高の装飾が施されます。平成元年(1989)、日見バイパスとして道路がさらに拡幅され幅35メートル道路になりましたが、今でも3つの橋の欄干は当時のままです。

一之橋

中之橋

鎮西橋

第6章 中通り周辺
上野彦馬らの芸術家を生む
「諏訪町」「古川町」「東古川町」「銀屋町」

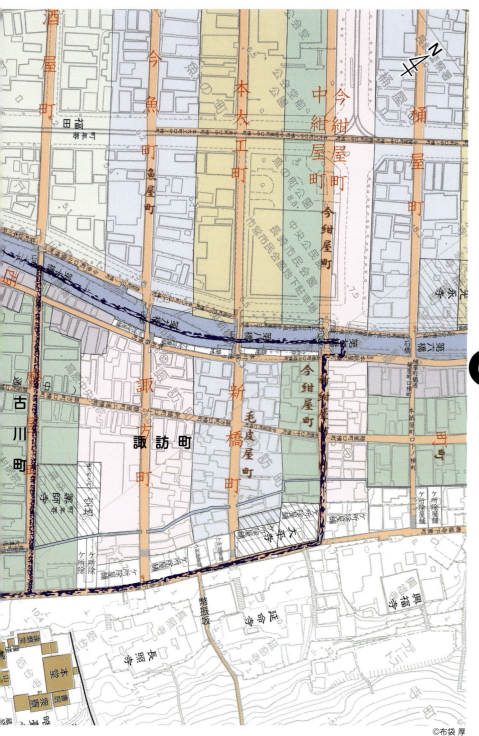

中通り周辺 ① 諏訪町

町名に諏訪神社の歴史がみえる

中島川東岸付近は職人街として発展した地域で、毛皮職人や磨ぎ物師などが住んでおり、のちに諏訪神社が最初に勧請されたところから諏訪町、中島川に新しい橋の架橋で新橋町、さらに磨ぎ物師から磨屋町と名付けられ、昭和41年(1966)に周辺が合併し今の諏訪町になりました。地区は商店が立ち並ぶ繁華街で町の中心を長崎最古の商店街である中通りが通っています。中心に長崎市立諏訪小学校があり高原中央病院なども建っています。

多才な人物たちが暮らした町
画家、山本森之助

町内にある料亭一力は文化10年(1813)創業の長崎最古の料亭です。2代目山本カネの一子山本森之助(1877-1928)は書画に長け東京美術学校の第1回卒業生となりました。黒田清輝に師事し、第1回文展を始め多くの賞を受け、長崎県で一番早い近代洋画家と賞賛されます。長崎県美術館は、初期作品の人物像やデッサンをはじめ、日本全国を旅して描いた風景画やフランス滞在中の色彩豊かな作品などを数多く所蔵しています。

山本森之助(『長崎事典』風俗文化編より)

県立長崎図書館の礎を築いた安中半三郎

　安中半三郎(1853-1921)は号を東来、斑山などといい、東京神田の生まれで6歳のときに父と長崎入りします。長川東洲や池原日南などに付き漢学を学び、多芸多能な人物といわれていました。明治17・18年(1884-85)頃、東京で彼の時事風刺や俳句などが人気を博し崎陽文芸の珍と称されるほどでした。教育にも熱心で明治の初めに新橋町に長崎文庫を創設し、明治26年(1893)には長崎慈善会を創設、また、明治31年(1898)に長崎盲亜学校を設立し、福祉に多大な貢献をしました。

大正初期の県立長崎図書館。県立長崎図書館は安中半三郎が設立した長崎文庫にはじまる
(『ながさき浪漫―アルバム長崎百年』より)

文芸評論家の山本健吉

　山本健吉＜(1907-1988)本名・石橋貞吉＞は、森鷗外と文芸評論について論争して注目を浴びた石橋忍月の三男で、磨屋町に生まれました。(旧制)県立長崎中学校から慶応大学へ進んで国文学を学び、卒業後は出版や新聞関係の仕事に就きますが、文芸評論家として脚光を浴び、俳句や短歌の研究に励み多くの文学作品を残します。昭和58年(1983)、文化勲章を受章しています。

山本健吉(『山本健吉全集第一巻』より)

八百屋お七と紺屋町

　江戸本郷の八百屋の娘お七は、恋人に会いたい一心で放火事件を起こし、火あぶりの刑に処せられた少女として有名です。
　一方、紺屋町には次のような言い伝えが残っています。その昔、諸国を回って祈願する男(回国)が紺屋町に現れ、話によると、この男は八百屋お七の相手の吉三郎(キチサ)といい、お七の霊を慰めるため諸国を回っているといいます。その頃、長崎では水害や疫病などの災いが多く、紺屋町の者が祈願するよう願い出ると男は快く引き受けます。するとたちまち災いはおさまり、紺屋町の者は感謝の意を込め、蛍茶屋の上手に供養塔(現在の青銅塔)とその男の庵を建ててやり、男はそこで余生を送ったと伝わります。
　その供養塔は現在、青銅塔と呼ばれ紺屋通り自治会によって管理されていますが、数年前、自治会が塔のそばに小屋を建てるため穴を掘ったところ突然穴が空き墓石が見つかりました。当時、作業に加わった者が次々と病気にかかり慌ててお祓いをしたといいます。

青銅塔(本河内1丁目)

中通り周辺 ② 古川町

旧町に復活した東古川町と銀屋町

中島川中流域は歓楽街として発展し、戸町村字古河からの移住者が起源ともいわれ、芝居小屋などが建つ歌舞伎町がはじまりです。のちに本古川町、東古川町、西古川町となり、昭和41年(1966)、磨屋町、銀屋町、東古川町、西古川町、本古川町などが合併し一旦は古川町になりますが、平成19年(2007)に東古川町と銀屋町が旧町名に復活しました。

美しい踏絵を鋳造した萩原(荻原)祐佐

江戸初期、本古川町鹿解川のほとりに鋳物師の萩原祐佐が住んでいました。寛文9年(1669)、第6代長崎奉行竹中采女正重興の命令で真鍮製の踏絵板20枚を鋳造。これを使って長崎奉行は踏絵の制度を設け、キリシタン弾圧を強化します。のちに踏絵の出来栄えがあまりにも美しかったため萩原はキリシタンと疑われ、後に処刑される運命となりました。

長与善郎の『青銅の基督』は萩原祐佐をモデルにした小説です。

絵踏みの図(『開港四百年長崎図録』より)

国学者池原日南、宮内庁御用係となる

　池原日南(1830-1884)は、江戸末期から明治にかけて活躍した国学者です。若くして父を失い大阪に出て勉学に励み吉田松陰などの影響を受けた勤皇家でした。26歳で帰崎、本古川町で眼科医を営みながら自宅で学問も教えます。本木昌造を支え、活版印刷の文字などは池原日南が書いたといいます。また、国学や和歌にも長け明治天皇宮内庁御用係としても奉仕しました。

元日桜の歌碑

元日桜の歌碑
　並んで立つ早咲きの元日桜を詠んだ池原日南の歌が刻まれている。

日本写真界の祖、上野彦馬

　上野彦馬(1838-1904)は御用時計師幸野俊之丞(後の上野俊之丞)の四男として銀屋町に生まれました。20歳前にオランダ語を学び、安政5年(1858)には化学研究所である舎密(せいみ)試験所に入所、さらに海軍伝習所でポンペに化学を学びます。文久2年(1862)に、中島鋳銭所跡地に上野撮影局を開き写真文化の発展の基礎を築きました。明治7年(1874)、アメリカの金星観測隊からの依頼で大平山で観測を行ない(後の星取山)、明治10年(1877)には西南戦争に従軍します。日本初の軍事報道カメラマンともいわれています。

上野彦馬(『長崎古写真紀行』柴多一雄著より)

小学校教師で俳人の田中田士英(でんしえい)

　田中田士英(1875-1943)は本名を英二といい、若い時から俳句作品を発表していました。「カクツチ」や「太白」などの俳誌をつくり、さらに大正4年(1915)には明治期以降で長崎初の句集といわれている句集「ナガサキ」を発行しました。もともと田中姓ではなく大光寺から田中政平氏の養子になり、まじめな性格で小島小学校の教師を36年間務めました。また、田士英という号は出身が士族ということもあって田中の「田」と英二の「英」とに「士」を入れ込んで作ったということです。

田中田士英(英二)の碑(小島小学校)

第7章 浜町周辺
商業の中心街のにぎわい
「万屋町」「浜町」「鍛治屋町」「油屋町」

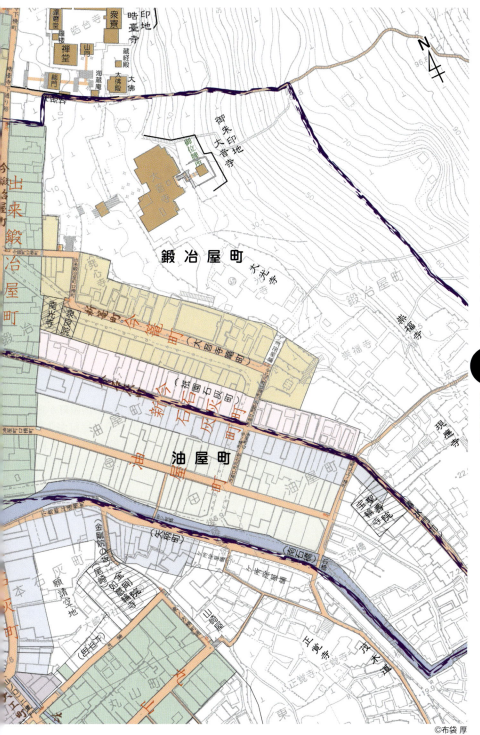

浜町周辺 ① 万屋町

雑貨商が増えだして町名も変わった

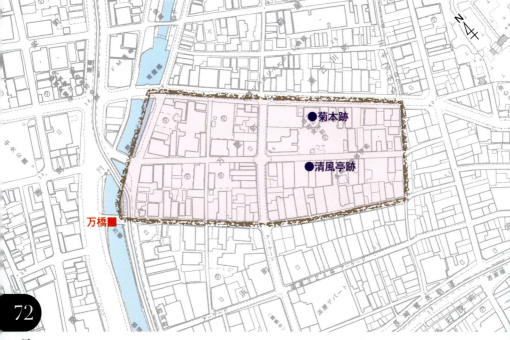

万橋

現在架かる万橋、2003年に環境デザイン部門でグッドデザイン賞を受賞。

中島川下流域に発展した職人街から火を扱う鍛冶屋町が誕生します。すぐに町域が広がり今鍛冶屋町、出来鍛冶屋町が生まれると、当初の町が本鍛冶屋町となります。延宝6年(1678)には雑貨商が増えだして名称も萬屋町となり、昭和41年(1966)、本古川町、榎津町、西濱町、東濱町、萬屋町などが合併して現在の町域になります。付近は長崎を代表する繁華街浜市商店街や観光通りなどがあり、老舗店舗なども軒を並べる地域です。

万橋にまつわる秘話

万屋町通りに架かる中島川の橋には次のような言い伝えがあります。その昔、丸山町の乙名与三兵衛が酒に酔い、あやまって京都の金屋喜右衛門の下僕(召使)市平に暴力を振るいます。しかし与三兵衛は逆に市平に仕返しを受けて命を失いました。市平は捕らえられますが、主人の金屋喜右衛門に影響がないよう一人で責めを負い打ち首となり、金屋喜右衛門はこの罪を償うため、公のためにと万橋を架けたといわれています。

料亭菊本は芥川龍之介肉筆の屏風で有名

本古川通りの万屋町側には料亭菊本がありました。昭和8年(1933)、丸山で芸妓置屋菊の屋を経営していた杉本わかが「菊」の字と「本」の字をとって開業した料亭で、当時は芥川龍之介の河童(かっぱ)の屏風で有名でした。屏風は、芥川龍之介が大正11年(1922)、2回目に長崎を訪れたとき、まだ芸妓だった杉本わか(照菊)に描き与えたもので、屏風は永見徳太郎邸「銀の間」にあったものでした。屏風には河童の絵と「橋の上ゆ　胡瓜なぐれば　水ひびき　すなはち見ゆる　河童の頭」と一首が書き添えてあります。料亭菊本は昭和42年(1967)に廃業しました。

杉本わか(長崎歴史文化博物館蔵)

芥川龍之介と長崎

大正時代を代表する小説家、芥川龍之介は2度、長崎を訪れています。この旅の後、数多くの南蛮、キリシタンをテーマに作品を執筆しました。

大正8年に初めて長崎の土を踏んだ芥川は5日間の旅行の合間に斎藤茂吉を訪ねています。その後、大正11年には1カ月間滞在し、永見徳太郎や渡辺庫助らが長崎を案内しました。

土佐藩御用達の清風亭

土佐藩士だった坂本龍馬は文久2年(1862)に脱藩し、その後、幕臣の勝海舟と出会い勝海舟が進める海軍塾の塾頭となります。元治元年(1864)、神戸海軍操練所へ進み、慶応元年(1865)に長崎入りし航海術を活かした商社「亀山社中」を鹿児島藩の援助で設立。慶応3年(1867)1月中旬に清風亭で土佐藩参政の後藤象二郎と会談し、同年4月、亀山社中は土佐藩より援助を得るようになり海援隊と改称します。

慶応3年(1867)、龍馬が後藤象二郎に提案した「船中八策」は、後の第15代将軍徳川慶喜に送られる建白書に取り入れられました。この清風亭には12畳と8畳の部屋があって長崎における土佐藩御用達の料理店ともいわれています。

清風亭跡

浜町周辺 ②浜町

海に面していたから浜町

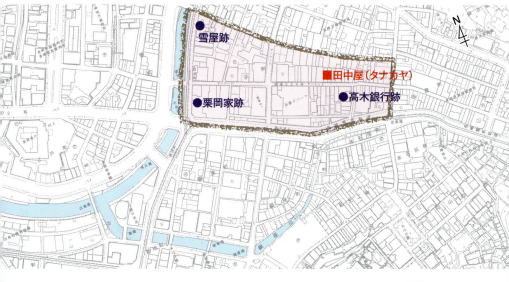

祝捷山の石碑

祝捷山の碑には大願主田中直三郎の名が刻まれています。

　中島川の下流域で海に面していたところから浜町(はまのまち)と称されるようなり、寛文12年(1672)の改革で、西側を西濱町、東側を東濱町と分け、昭和41年(1966)に萬屋町、西濱町、東濱町などが合併し浜町となりました。浜町には長崎一の繁華街である浜市商店街があり、高橋呉服店、石丸文行堂、三田村呉服店など老舗店舗をはじめ浜屋百貨店など商業施設が立ち並ぶ街です。

むかし浜町に田中屋3軒あり

　明治の初め、浜町には田中屋という屋号が、舶来織物商田中屋、小間物商田中屋、舶来品仲買商田中屋と3軒あり、そのうち舶来織物商の田中屋は明治10年(1877)に田中家本家より分家した田中直三郎が創業した店舗でした。田中直三郎は当時の長者番付の常連で、明治37年(1904)の日露戦争時には市を挙げた戦勝祈願に尽力し、開戦から戦勝まで毎日休むことなく合戦場に登り、戦勝の知らせが入る毎に合戦場(祝捷山)に宴を張り多くの役人や市民など数千人を呼び戦捷(戦勝)を祝っていました。

　田中直三郎の子息の直治は明治36年(1903)東洋日之出新聞の鈴木天眼とともに瓊浦游泳会を立ち上げ、長崎港外の皇后島(通称ねずみ島)で小中学生の水泳教育発展に尽力します。瓊浦游泳会は昭和に入り長崎游泳協会に改称。皇后島での水泳教育は昭和47年(1972)まで続き、長崎市民総合プールへと受け継がれます。

西九州随一の富豪と呼ばれた高木與作

　高木與作(1840-1925)は佐賀小城藩牛津出身で、明治3年(1870)に長崎で酒類販売業をはじめます。当時は西九州随一の富豪と呼ばれ、不動産業なども手がけ、大正2年(1913)には東濱町に長崎高木銀行を資本金100万円で設立し、個人経営の銀行として評判となります。大正9年(1920)には県立長崎高等女学校開校のため西山の広大の敷地1870坪を寄付し紺綬褒章が贈られました。この敷地は戦後県立長崎東高(現在は立山に移転)となります。

高木與作翁彰善碑
(東高跡公園)

長崎を代表する商家と発展、栗岡甚助

　江戸時代、栗岡家初代栗岡甚助は紀州(和歌山県)徳川家の御用達を務めた紀伊国屋を開いていましたが、幕末になって町年寄久松家の屋敷(現・浜町)を購入し、塩や切手、収入印紙といった専売的な商売を始めます。その後、呉服商や倉庫業などを始め、3代栗岡利吉は長崎市会議員を務め、長崎を代表する商家へと発展。第二次大戦後に、この土地はすべて売却され、夫婦川町に移ります。4代利吉は南蛮美術などに詳しく多くのコレクションを有していました。

栗岡家墓所(晧台寺)

雪の結晶模様をした傘鉾持ち衣装

　雪屋は元禄年間に創業し、初代森喜左衛門から明治期以降の11代まで長崎を代表する荒物商として店を構えます。8代目森栄之は和歌や南画に長けていて文化面に貢献しました。代々、西濱町のくんちの傘鉾の一手持ちを行っていて、傘鉾持ちの衣装などは雪屋にちなみ雪の結晶模様が散りばめられていました。

荒物問屋雪屋跡
(現・佐賀銀行)

海に生きた中村六三郎

　中村六三郎(1841-1907)は長崎市西濱町出身で、高島流の砲術を学び海軍伝習所に入ります。その後、長州藩において砲術指導や長崎奉行下の遊撃隊(幕末の市中警備の組織)の指導を行なうなど活躍します。明治維新後は文部省に仕え、広島師範学校や自ら設立に力を注いだ三菱商船学校(東京商船大学の前身)、函館商船学校などで校長として船員の育成に努め、さらに海事の重要性を説き、その発展に尽力しました。

　長崎公園には高さ5メートルもの中村六三郎顕彰碑があります。この碑文は日本の郵便の祖である前島密(まえじまひそか)によるものです。

中村六三郎氏紀功碑(長崎公園)

ヒロスケ 長崎ぶらぶら歩き　浜町周辺

浜町周辺 ③鍛冶屋町

火を扱ったからその名がついた

　中島川下流域に発展した職人街のうち火を扱う町である鍛冶屋町が誕生します。すぐに町域が広がり今鍛冶屋町、出来鍛冶屋町ができると、当初の町は本鍛冶屋町となりました。今鍛冶屋町と出来鍛冶屋町は明治初年に鍛冶屋町となり、昭和41年(1966)、今篭町、八坂町、鍛冶屋町などが合併し現在の町域となります。町域には鍛冶市商店街があり、専門店や飲食店などが立ち並ぶエリアや山手側にはマンション群があり住宅地を形成しています。

寺の梵鐘や大釜製作に阿山家の名を見る

　阿山家は代々鋳物師で有名な家で鍛冶職人街であった鍛冶屋町に屋敷を構えていました。初代の阿山助右衛門国久は寛永17年(1640)から慶安4年(1651)の間に崇福寺のほか興福寺や晧台寺、本蓮寺、諏訪神社などの梵鐘の鋳造や(現存は崇福寺のみ)、「大波止の大砲の玉」といわれる石火矢玉を造ったといわれています。2代阿山弥兵衛国達は崇福寺の大釜や深堀にある円福寺の梵鐘、3代阿山弥兵衛国久は本河内青銅塔、4代阿山弥五左衛門国久は茂木の円成寺の梵鐘を造っています。

　八坂神社境内にある桜姫美人稲荷神社には阿山家が代々お祀りし、のちに鍛冶屋町の鎮守神となった金屋稲荷が合祀され、鍛冶屋町自治会に篤く信仰されています。

崇福寺の大釜

適塾を開いた緒方洪庵

　緒方洪庵(1810-1863)は岡山出身。大坂や江戸で蘭学を学び、26歳のときに来崎します。長崎では今篭町に滞在し、出島オランダ商館長ニーマンに師事します。3年後には大坂に適塾を開き、福澤諭吉を塾頭に当てました。諭吉は、シーボルトの娘のイネとも親交があり、明治天皇のお子さまの誕生に際し諭吉がイネを宮内省に推薦した書状は国の文化財になっています。

緒方洪庵

シーボルトの門下生、北村元助

　北村元助は出島オランダ商館官医シーボルトの門下生で、今篭町に屋敷を構えていました。広大な庭園が有名だったといいます。昭和初期に萬歳亭という中華料理店が開店し、第二次大戦後は中華料理店の東亜閣となりますが、現在は駐車場になっています。

御用時計師御幡儀右衛門

　昭和40年ごろまで思案橋の目印となっていた平石時計店がありました。初代は幕府の御用時計師で御幡儀右衛門という人物でした。当時、時計はオランダ渡りの大変貴重な物で奉行所などにしか置くことが出来ず、天保2年(1831)御幡儀右衛門は時計調整役の時計師に任命され、専門に時計のネジ巻きや調整をする仕事に就きます。年に一度は、将軍家や諸大名の時計の修理のため江戸に上ったそうです。第二次大戦後しばらく、平石時計店には大名時計や砂時計、尺時計、それに将軍に献上したものと同じ斗圭があったといわれています。現在は道路拡張により建物は消滅しました。

崇福寺通り

長崎史談会を創設した林源吉

　林源吉(1883-1963)は、長崎の郷土史家で長崎史談会の創立に尽力した人物です。鍛冶屋町の家具商丸一屋に生まれ、父の没後に店の跡を継ぎますが、大正13年(1924)に廃業。その後、長崎市の嘱託職員として長崎市陳列所に勤務します。陳列所は商工奨励館、長崎資料博物館と改称し、主事嘱託学芸員となった源吉は長崎学の発展や美術振興に寄与します。晩年は上筑後町に住み、昭和27年(1952)には元禄15年(1702)に亡くなった林家初代の250年忌を営んでいます。

林源吉(『長崎事典』風俗文化編より)

浜町周辺 ④油屋町

油問屋が立ち並んでいた町

長崎港の東、ちょうど思案橋あたりが船溜まりとなり荷卸し場が町域だったため、油問屋が立ち並び油屋町が誕生します。昭和41年(1966)に油屋町、鍛冶屋町などが合併し現在の町域となります。思案橋など歓楽街の入り口に位置し、十八親和銀行思案橋支店や長崎銀行思案橋支店のほか金光市場や商店が立ち並ぶ地域になります。

清水寺と聖天堂

元禄8年(1695)、久留米藩主有馬氏は清水寺を緊急時の出陣地と定め、毎年、清水寺に寄進をします。文政5年(1822)には聖天堂を建立。その後、天保14年(1843)大火により類焼しましたが、弘化元年(1844)、すぐに再建します。明治初年にも一度大破しますが再建されます。明治4年(1871)、廃藩置県により有馬氏の寄進がなくなると維持が困難になりました。

一方、聖天堂には子宝や夫婦和合、商売繁盛などの徳があるといわれている歓喜天がお祀りされていたため江戸時代から多くの参詣者があり、その中には大浦慶の姿もあったといわれています。明治維新後は廃仏毀釈の影響で清水寺の末庵となり今に至ります。

聖天堂(清水寺)

日本初の製茶貿易をはじめた大浦慶

　大浦慶(1828-1884)は、油惣代・大浦大平次の子として油屋町に生まれました。幕末の大浦家は貿易不振で家業が低迷していたため、慶は若くして再興を決意し、お茶の輸出商を始めます。嘉永6年(1853)、嬉野茶を出島のオランダ商人テキストルと提携してイギリスやアメリカ、アラビアの三国に見本を送り日本初の製茶貿易を開始します。安政3年(1856)、イギリス人オルトが大量の注文を行い九州一円のお茶を輸出。当時、貿易不振だった長崎に新しい道を開き市内各地に製茶所を設けるに至ります。さらに慶は稼いだ財を国事に紛争する維新の志士大隈重信や松方正義、陸奥宗光らに援助。
　また、グラバーとも親交があり坂本龍馬の海援隊にも資金を提供します。明治4年(1871)、事件にまきこまれ、巨額の負債を受け困難に直面しますが、自らの力で克服し全額返済に成功します。明治17年(1884)、大浦慶の功績は日本の発展に寄与したものと明治政府の農商務大臣西郷従道(西郷隆盛の弟)より褒賞され功労賞金として20円を授与されました。

大浦慶(長崎文献社蔵)

歓喜天(かんきてん)

大浦慶も信仰した秘仏・歓喜天は象頭人身の男天と女天の立像が向き合い抱擁しているもので、一般には公開されていません。歓喜天はもともとヒンドゥー神ガネーシャで、商売繁盛、夫婦和合、子授けの神としても信仰をあつめています。

記者、脚本家、政治家、八面六臂の活躍、福地櫻痴

　福地櫻痴(1841-1906)は本名を源一郎といい、号を櫻痴または夢の舎主人といいます。新石灰町に生まれ、儒医の福地苟庵を父に持ちます。文久元年(1861)、櫻痴は幕府の使節に通訳として随行し、さらには慶応元年(1865)には外国奉行らの通訳として渡仏を果たします。その後も岩倉具視大使らと欧米を周り外交交渉で活躍。帰国後は東京日日新聞を主宰し反自由民権派としてペンを握り、新聞に「社説欄」を設けた初めての人物です。
　櫻痴は千葉勝太郎と歌舞伎座の創設も手掛け明治の演劇の改良を行ないました。また、「春日局」や「侠客春雨傘」などの脚本も書いています。晩年は東京府選出の衆議院議員に当選し、政治家としても活躍しました。

福地櫻痴生誕の地の碑

第8章 大波止湊公園周辺
異国船が横づけされた町
「出島町」「新地町」「元船町」
「梅香崎町（湊町）」

大波止湊公園周辺 ① 出島町
島から町名になった出島

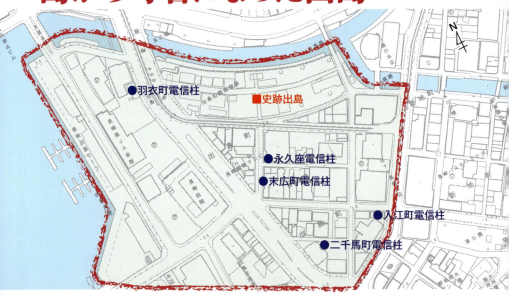

出島は寛永13年(1636)にポルトガル人を隔離するために作られた人工の島で、出島町人25人によって建設されました。鎖国後はオランダ商館として、安政の開国後は外国人居留地となります。その後は次第に市街地に組みこまれ、明治37年(1904)の長崎港湾改良工事により周辺が埋め立てられてからは、倉庫群や商店が立ち並び、昭和39年(1964)に現在の町域の出島町となりました。

出島乙名から教育者に、笹山蕉川

笹山蕉川(1828-1895)の先祖は近江(滋賀県)小谷藩城主浅井長政の家系で、笹山家は寛永5年(1628)に長崎に入り、大村町の乙名や出島乙名などを務め、また、武具司などを代々世襲します。笹山蕉川は明治5年(1872)、学制の発布を受け笹山学舎という学校を創め教育の普及に努めました。

笹山蕉川の顕彰碑(松森天満宮)

日本初! 石けん製造をした品川貞五郎

江戸時代、品川家初代、播州(兵庫県)網干出身の品川善右衛門は長崎で木綿屋を始めます。その後、幕末期にかけて代々出島町人となり、品川貞五郎の代では酒類商の木貞商店を開業します。明治2年(1869)、品川貞五郎は渡来した宣教師ヘンリー・スタウトから洗濯石鹸の話を聞き、自ら研究、試作を重ね、明治5年(1872)わが国初の石鹸を完成させます。なお、翌6年には横浜の堤磯右衛門製作所でも製造が始まります。当時長崎では石鹸といわずシャボンと呼び、石鹸と呼ぶようになったのは明治15年(1882)頃になってからでした。

出島の扇形を変えた、長崎港湾改良工事

明治30年(1897)以降、7ヵ年の継続事業として長崎港湾改良工事が開始され、明治37年(1904)に完了します。工事は第1期と第2期に分かれ、第1期工事では港内の砂防工事や中島川の変流工事(これにより出島の前面が削られる)、第2期工事では現在の銭座町電停付近から長崎駅－大波止－市民病院付近と稲佐の海岸地帯が埋立てられ、これにより24の新しい町が開かれます。以下はその24町。

幸町－福富町－玉浪町－梁瀬町－宝町－寿町－船蔵町－井樋ノ口町－八千代町－尾ノ上町－高砂町－瀬崎町－台場町－元船町－玉江町－千馬町－羽衣町－要町－末広町－入江町－旭町－丸尾町－外浪町－大鳥町

そのうち現在の出島町は昭和39年(1964)の町界町名変更で多くのまちを統合して作られた町で、千馬町、羽衣町、要町、末広町、入江町の町域を含みます。

※ちなみに「二千馬町」とは、千馬町にあった二つ目の通りを意味するもので、実際の町名ではありません。

旧町名の電信柱

羽衣町

末広町

入江町

二千馬町※

劇場名も電柱に

要町にあった永久座の表記

大波止湊公園周辺 ② **新地町**

積み荷を一括して管理する場所

江戸時代、中国からの積み荷は五島町など海岸沿いの町に荷卸ししていましたが、火災や盗難などを防ぎ、密貿易対策のため管理する場所として、元禄15年(1702)に新地蔵所が造られました。明治維新後は外国人居留地に指定されて、主に中国人らが住み、のちに長崎新地中華街として発展します。昭和39年(1964)に現在の町域の新地町が生まれます。

中華門は材料も職工も中国福建省福州から

昭和61年(1986)、長崎新地中華門が長崎新地中華街商店街振興組合によって新地中華街の東西南北の各入口4カ所に建てられました。建築材料は中国福建省福州からとりよせられたもので、職工なども招き入れ長崎で建築されました。

門の額は昭和60年(1985)に来崎した中国国家副主席で中日友好協会名誉会長だった王震(おうしん)(1908-1993)によって揮毫されたもので、「長崎新地中華街　王震　一九八五年」と書かれています。

長崎新地中華街の門

近代塗装伝来之碑がある湊公園

近代塗装伝来之碑は、十八世紀中頃、出島の建物の一部にペイント塗装が行なわれていたことにはじまり、幕末からの洋風建築で本格的に使用されていたことを記念して、昭和55年(1980)に社団法人日本塗装工業会九州支部連合会によって建立されました。

ハケをデザインした近代塗装伝来之碑

阿爹さん

以前まで(昭和40年代まで)長崎では唐人(中国人)のことを"阿爹さん"と呼んでいました。この言葉は江戸時代から続く言葉で、当時は唐人も日本人に向かって"阿爹"と呼んでいたといいます。これは唐人が町宿(雑居)をしていた古い頃からの言い習わしのようで、主に漳州(福建省)人が使っていた言葉といわれています。その漳州人はもともと自分より目上の人を"阿爹"と呼んでいて、それを長崎人が聞き慣れて唐人を尊敬して"阿爹さん"と呼び、いつしか"阿爹さん"が唐人の異称のように思い込まれてしまいます。さらに唐人もまた"阿爹"と言うのは人を呼ぶ日本語だと勘違いし、日本人、唐人ともお互いに間違って広がったものといわれています。

港町の記憶

明治2年(1869)新地－梅ヶ崎町間に木造の梅香崎橋が完成します。これにより出島～築町～新地～梅ヶ崎のルートが誕生し、今でいう臨港道路が完成しました。通りには長崎税関や大北電信会社、日本郵船会社に横浜正金銀行が並び日本の窓口として脚光を浴びるのです。

長崎国際電報局跡

電柱にのこる郵便局の文字

大波止湊公園周辺 ③ 元船町

唐船、オランダ船が停泊していたもともとの港

●大砲の玉

元船町は明治37年(1904)に完成した第二期港湾改良工事によって誕生した町で、開港以来唐船やオランダ船が停泊していたということで元船町と命名されました。昭和48年(1973)の町界変更によって玉江町などを合併して現在の町域となりました。

日本の近代国家づくりに力を尽くした北島秀朝

元船町の生みの親ともいえる港湾改良工事を指揮した人物が北島秀朝(1842-1877)です。北島は現在の栃木県馬頭町出身で、幼少の頃から医学、儒学、剣術、砲術などの軍事教育を受け、さらに尊皇攘夷の思想を持ちます。嘉永6年(1853)、御所警護のため京都に上り、長州や薩摩などの武士たちと交流をもつようになりました。そのうちに攘夷の思想から倒幕へと考え方を変えて、慶応2年(1865)、ついに脱藩を決意します。

京都では岩倉具視に出会い倒幕軍の指揮官として活躍します。廃藩置県が行われた後は、和歌山県令(知事)、佐賀県令を経て明治9年(1876)、長崎県令に任命されます。長崎では師範学校の設立、長崎病院内の医学場を開設、さらに明治政府が掲げた富国強兵、殖産興業を進める上で重要な長崎港改良工事を行ない大陸への足掛かりを築きました。

北島秀朝の墓所(西山2丁目)

大波止湊公園周辺 ④梅香崎町（湊町）
崖の上の天満宮から梅ヶ崎

梅香崎町は万延元年(1860)、開国にともない外国人居留地造成のため開かれた町で、文久3年(1863)、居留地区域を定めた際に、梅ヶ崎町と命名されました。周囲に崖があり崖の上の唐人番所に天満宮が奉祀されているところから梅ヶ崎の名がつきました。昭和48年(1973)の町界変更によって梅香崎町となります。当初の天満宮は、現在の西小島(旧大徳寺)に移動しますが、天満宮の神聖な跡地には祠が残され、のちに楳崎天満宮と称し、十人町の鎮守神として大切にされています。

ユダヤ人のため、墓地と教会堂をつくったジークムント・D・レスナー

元治元年(1864)、ルーマニア出身でオーストリアに籍を持つジークムント・D・レスナーは25歳で両親とともに来崎し、梅ヶ崎町に食料雑貨商を構えます。レスナーの父リオはユダヤ教指導者で長崎におけるユダヤ人の有力者でした。レスナーは明治25年(1892)、坂本国際墓地にユダヤ人墓地を、明治28年(1895)には梅ヶ崎町にユダヤ教会堂建設します。それによって在留ユダヤ人は長崎に居ながらにして婚礼、葬式などの行事が行われることになりました。大正9年(1920)にレスナーは急死し、さらには第一次大戦で敵国だったオーストリアに籍を持っていたこともあり残された財産は接収されて、教会堂なども処分されることになりました。

楳崎天満宮（十人町天満宮）

ユダヤ教会堂跡（右下）

『長崎居留地の西洋人』より

第9章 銅座丸山周辺
いまもむかしも歓楽街
「銅座町」「船大工町」「篭町」
「丸山町」「寄合町」「本石灰町」

銅座丸山周辺 ① 銅座町

いまは長崎一の歓楽街

永見徳太郎（長崎文献社蔵）

　銅座町は寛文12年（1672）の改革で誕生した東濵町に属し築増しされた地域で、江戸中期には輸出用の棹銅を造る鋳銅所があり、また、銭座が設けられるなど今でいうところの工業地帯でした。幕末から明治期にかけて人家が立ち並ぶようになり、明治元年（1868）に東濵町から独立して東銅座町と西銅座町が開かれます。同年に合併し銅座町となり昭和41年（1966）、西濵町と築町などが合併して銅座町となりました。銅座町は長崎随一の歓楽街として発展し、町内には金融関係からホテル、商業施設と多くの店が軒を並べる町となっています。

長崎きっての文化人、永見徳太郎

　銅座には銅座の殿様と称された永見家がありました。永見家は出島を築造した出島町人の一人で、永見徳太郎（1891-1951）はその流れを汲む豪商の一人でした。徳太郎という名は代々受け継がれたもので、明治末期から昭和にかけて活躍した徳太郎がとくに有名です。倉庫業を営むかたわら長崎市議会議員やブラジル名誉領事も務めるなど幅広く活躍し、小説など文芸にも長け夏汀と号していました。昭和12年（1937）に上京し、「長崎版画集」「南蛮屏風」「南蛮長崎草」の小説を発表するなど、南蛮趣味や海外交渉関係を得意としていました。第二次大戦後は、静岡県熱海に住んでいましたが、昭和26年（1951）、謎の失踪をとげそのまま行方不明となります。

子どもの自立と自活を支援した天本愛儀

明治39年(1906)、銅座町在住の天本愛儀は、恵まれない子どもたちのために自らの手で長崎保育授産所を設立し、子どもの保護と教育を施しました。さらに教育を受けた子どもたちに就職先として自らの経営する天本愛命堂＜明治18年(1885)創業＞に従事させるなど、社会参加にも尽力します。

そうした施設の経営などはすべて自らの事業によってまかなわれ、寄付などは一切受けませんでした。明治44年(1911)に長崎育児院と改称。現在は、みのり園など福祉事業が中心となっています。

天本家墓所（長照寺）

銅座大師堂

大師堂内には青銅製といわれる精巧な仏具がならび、当時、銅座には青銅を扱う職人も住していたと伝えられています。

銅座大師堂の銅製仏具

銅座稲荷にまつわる言い伝え

創建は寛永18年(1642)ですが、銅座が築造された享保9年(1724)以降に中国人の寄進によって移転したと考えられています。

言い伝えでは①明治初年、町内で大火が起こり住人が助けを求めていると、突然、お社の上に稲荷神が現れ御幣をお振りになったというもの。火の勢いがたちまち止まり類焼を免れたといいます。②日露戦争に町内からは男性23名が出征となり神社へ戦勝祈願を行います。無事に出発し数日たったある日、町内の家々に稲荷神が現れ"わしは出征した町内の人たちの守護をしに、これから戦地に出向くから留守の間を頼むぞ"とお告げがあったとのこと。終戦後、お告げ通りに町内の出征の者は無事に帰還したといわれています。

銅座稲荷神社
正面のビルの屋上に銅座稲荷神社があります。朱に塗られた階段は参道をあらわしています。

銅座丸山周辺 ② 船大工町

船が碇泊する場所には船大工が集う

飲食店がたち並ぶ船大工町

橋本梅太郎（『肥長百年略譜』天理教肥長大教会発行より）

長崎港の東、ちょうど思案橋あたりが船溜まりとなり、船を修復する職人街が船大工町となりました。明治期以降は居留地へのメインストリートとして土産品店街として発達します。正保年間(1645頃)までは新船大工町があったとされ、他域に本船大工町の存在が考えられています。以降は船大工町という名称で、昭和41年(1966)に一部、本石灰町などと合併し船大工町となり、平成17年(2005)に現在の町域になりました。町内にはカステラの老舗福砂屋をはじめ、多くの飲食店が立ち並ぶ繁華街となっています。

長崎で天理教を広めた橋本梅太郎

明治32年(1899)、奈良県出身の橋本梅太郎は天理教布教のため銅座町から活動を開始します。しかし、当時はまだ新興宗教ということもあって布教は困難を極めたといいます。ようやく長崎県知事の許可が下りたのが明治33年(1900)で、船大工町に拠点をおいてスタートしたといわれています。その後、金屋町(現・金屋町教会)へ移転し、布教活動の功あって信徒が増加し新たな拠点が求められ、大正4年(1915)に現在の御船蔵町に移りました。

銅座丸山周辺 ③籠町
籠は輸出用の梱包材だった

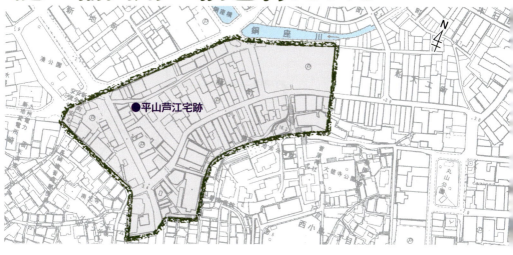

●平山芦江宅跡

　思案橋あたりの船溜まりが唐船などで賑わい、輸出用梱包材である籠の職人街が海岸沿いに広がります。船大工町同様、明治期以降は居留地へのメインストリートとして土産品店街として発達します。思案橋の東部にも籠町が拓かれ今籠町と称したところから、本来の場所を本籠町とします。昭和41年(1966)、町界町名変更によって、本籠町と船大工町、広馬場町の一部が籠町となり今に至ります。以前までは飲食店が多く立ち並ぶ街でしたが、近年では住宅やマンションなども増えてきました。

社会の状況を数字で表す統計の基礎作る、杉亨二

　杉亨二(1828-1917)は本籠町の酒屋に生まれ、その後、江戸へ出て勝海舟と出会い、勝の世話で筆頭老中阿部正弘に仕えます。阿部家の者に蘭学を教え、また、沼津兵学校の教授として指導を行ないました。このときオランダなどの官庁統計に接し統計の必要性を痛感した杉は、明治3年(1870)、民部省に仕えて日本の統計の基礎を作ります。明治4年(1871)、国勢調査の必要性を説き、山梨県においてわが国初の人口調査を実施します。

杉亨二 ⓚ

平山芦江（ろこう）

平山芦江(1881-1953)は、本名を田中壮太郎といい神戸の出身で子どもの時分に、籠町にあった平山浅吉氏の平山酒屋へ養子に迎えられます。長崎商業に進み、20歳頃に上京して都新聞の記者となります。その後、作家に転身。処女作「今様源氏抄」を皮切りに「唐人船」「西南戦争」「花柳情話」「長崎出島」など多くの著書を発表しました。

『長崎出島』平山芦江

銅座丸山周辺 ④ 丸山町

日本三大遊郭として発展した町

梅園天満宮の天井絵
明治大正時代の文化人たちが一同に。

西道仙筆

岡田篁石筆

丸山町は隣接する寄合町ともに寛永18年(1641)、幕府の命によって開かれた遊興地で日本三大遊郭として発展した町です。昭和33年(1958)、売春防止法によって遊郭のたぐいのものはなくなり、現在では料亭花月、長崎検番、料亭青柳といったところから花街が形成されています。近年ではマンションなどが増え、住宅地としても利用されています。

長崎の史跡の素晴らしさを説いた高田泰雄

高田泰雄(1914-2007)は長崎市築町出身で、父親は当時、長崎を代表する豪商肥塚酒造の社長で諏訪神社の総代も務めた肥塚慶之助でした。高田は当時としては珍しく旧制長崎瓊浦中学校から明治大学に進み、卒業後は第二次大戦中ということもあって東京の工場に勤務しました。終戦後、帰郷し店に入り、丸山町の料亭加寿美の養子となります。丸山ではくんち運営を第一線で務め、また長崎史談会に参加し郷土史を研究、長崎の史跡の素晴らしさを多くの人々に説き、長崎街道の徒歩きや正月の七高山巡りなどを推進していきます。版画家の田川憲や郷土史家の渡辺庫輔とも交友があって、越中哲也先生とともに長崎歴史文化協会の設立にも尽力しました。

高田泰雄

> 銅座丸山周辺 ⑤寄合町

江戸時代から変わらない町域

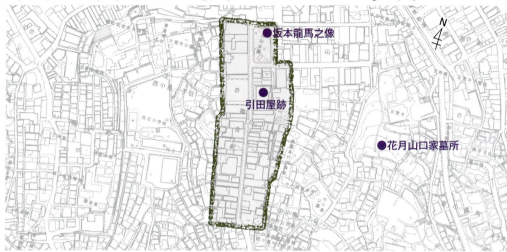

　寄合町は当初、中島川流域にあり、寛永18年(1641)の丸山造成の際に移転した町で、丸山町とともに花街として発展しました。町域は江戸時代から変わらず、現在も当時の町のかたちを保っています。今ではマンションが多く立ち並ぶ住宅地として発展しています。

向井去来の文台を所有、山口俳之

　寄合町は旧遊郭引田屋があった町内です。初代引田屋当主山口家は讃岐国引田村より長崎入りし、丸山の初期の時代より生業を始めた家で第15代まで続きました。特に11代山口俳之(1794-1834)は蕉門十哲の一人である向井去来の流れを汲んでいました。また、俳之は当時の長崎を代表する俳人でもあり、去来の流れを汲む者だけにしか許されない去来愛用の文台も所有していたといいます。

　文政元年(1818)、漢学者の頼山陽が来崎した際、中の茶屋または花月で書画清讃会が開かれていますが、この時、俳之も木下逸雲らと参加しています。

山口俳之の墓所（正覚寺）

坂本龍馬之像

平成21年(2009)11月15日、丸山公園に新たな坂本龍馬像が建立されました。当時の長崎はテレビの影響もあって空前の坂本龍馬ブーム。地元企業や自治会などが寄付を募り完成しました。数多くの龍馬像がある中で唯一、龍馬の三種の神器ともいえるブーツ、ピストル、懐中時計がそろった龍馬像です。制作は地元長崎で活躍の版画家であり彫刻家の小﨑侃氏。坂本龍馬之像の揮毫はこの本の著者山口広助によるもの。

坂本龍馬之像

| 銅座丸山周辺 | ⑥ 本石灰町

ベトナムやマカオ産の漆喰が荷揚げされた

ハモニカ横町

長崎港の東、思案橋あたりが船溜まりで、開港直後の輸入品にはベトナムやマカオなどから漆喰(石灰)が多く荷揚げされました。その荷揚げ地が石灰町となり、町域も新石灰町、今石灰町と発展し、当初の町が本石灰町となります。昭和41年(1966)、本石灰町、丸山町、船大工町などが合併し現在の町域となりました。歓楽街思案橋商店街があり、たくさんの飲食店が立ち並ぶ街です。

江戸時代の探検家、嶋谷見立

嶋谷見立(1607-1690)は、名を市左衛門といい、江戸時代始めの探検家で幕府御用船の船頭や按針を勤めた長崎の船乗りでした。御朱印船での渡航経験があり、さらに南蛮天文航法にも精通し、延宝3年(1675)には、幕命で無人島を探査し小笠原諸島の地図を作成しました。小笠原の動植物を採取し幕府に献上もしています。幕府絵師である狩野常信は、その動植物などを写生し、「メグロ図(鳥)」「カチャン図(植物)」などは、現在、東京国立博物館に保管されています。

嶋谷見立は、思案橋の近くに居住したと伝えられています。見立が御朱印船の渡航経験からシャム(現タイ)との関わりが考えられており、唐船を購入し、長崎に持ち込んだといわれています。その後、唐船は解体され解体材で橋となりこれをシャム橋と呼ぶようになります。いつしか、この言葉は訛り思案橋になったともいわれています。

嶋谷見立の墓所(禅林寺)

小島の地名由来は将軍の家臣から

言い伝えでは、永禄元年(1558)中国明の船が初めて長崎に入港。この船は大変大きな船でたくさんの貨物を積んでいたといいます。このニュースは遠く京の都の将軍足利義輝公の耳にまで届き、早速、家臣の小島備前守を長崎に送り、小島郷の尾崎(現大崎神社)に屋敷を構えさせました。しかし、長崎入りした小島備前守は大変威張り散らしたため、長崎の領主長崎甚左衛門は腹を立て夜襲をかけて殺害し、小島備前守は田上(唐船石)に葬られたといいます。この小島備前守は「小島」の地名の由来になったともいわれています。

唐船石(『長崎名勝図絵』より)

唐船石(長崎市田上)

暗渠工事後に命名、春雨通り

昭和26年(1951)長崎市は西浜町-思案橋間の路面電車線路上に不法に露天を建て居住していた住民に強制撤去を開始。住民は玉帯川(銅座川)を暗渠化した区域に移住します。暗渠化工事の際、思案橋も撤去され、現在の電車通りが完成します。長崎市はこの通りを花街丸山にちなみ端唄「春雨」から春雨通りと命名するのですが、当時、付近住民には不評で「思案橋通り」へ変更するよう申し出があったほどでした。

端唄「春雨」は、江戸末期のもので、昭和18年(1943)に唄の記念碑が花月庭園内に建てられます。

大崎神社

寛永17年(1640)、修験者の良圓が小島川沿いに稲荷神を祀ったことにはじまります。寛文12年(1672)、現在地の丘の上へ移転しました。明治の廃仏毀釈で大崎神社となり、現在は本石灰町の鎮守神として祀られています。明治24年(1891)の創立時に、明治の三筆とされる書の大家中林梧竹によって、鳥居の額面「大崎神社」が書かれました。

春雨通り

おわりに

　もう知ってしまったのです。知ってしまったら次は伝えなければならないのです。
　なぜ、歴史を学ぶのでしょうか？ それに、なぜ、昔のことに興味を持つのでしょうか？
　たくさんの事象が私たちの前を通り過ぎていく。毎日毎日、たくさんの事柄が私たちの目の前を通り過ぎています。そんな事象や事柄のうち自分の興味があることについて言葉にする。文字にする。そう、この時点で歴史がつくられていくのです。もちろん人によって重要度が変わるでしょう。人によって優先順位が変わってくるでしょう。そうやって精査されていくうちに事象がきちんとした歴史へと変わっていきます。おそらくすべてが重要なはずです。しかし、いつしか時代の波にのまれ消えていく。そしてあとの時代になって重要さに気づくのです。
　この本に書かれた多くの事柄は私が聞いたり教えてもらったり調べたりしたことです。今は重要ではないかもしれませんが、きっとあとの時代には大切なものばかり。たとえ私自身が重要と思わなくても、あとの時代の人が重要になるのです。そう考えると今知ったことはすべてあとの時代の人々に伝えなければならないと思います。知らなければ済む話ですが、もう知ってしまったのです。
　この本を読んで、すべての人が同じページに感動し同じページを重要視することはないと思います。生まれた場所や育った環境で各ページの歴史の重要性が変わります。みなさんすべてが同じ歴史で感動することはないのです。そもそも画一的に覚えていくことの無意味さもきっと知ることでしょう。歴史はたくさんの人が受け継ぎ、たくさんの人が伝えていって初めてその役割を果たすのです。
　みなさんはすでに知ってしまいました。みなさん自身はあとの人のために何を残してあげますか？ なんでもいいのです。自分の興味がある事柄から始めてください。まだ間に合います。自宅の周辺の地図や商店、道の形状や植物の種類、人の営みからいろんな音まで、さっそく記録を取ってください。今ではありません。次の次の世代のために何かを残してあげてください。それがあとから重要になるのですから…。

2017年1月
山口 広助

参考文献(順不同)

<文献・書籍>
『長崎事典(風俗文化編)』　長崎文献社　1988年
『長崎事典(産業社会編)』　長崎文献社　1989年
『長崎事典(歴史編)』　長崎文献社　1982年
『長崎町盡し』　長崎文献社　1986年
『長崎文献叢書(長崎名勝図絵)』　長崎文献社　1974年
『長崎墓所一覧(風頭山麓編)』　長崎文献社　1982年
『新長崎年表(上)』　長崎文献社　1974年
『丸山遊女と唐紅毛人(前編/後編)』　長崎文献社　1968年
『市制百年　長崎年表』　長崎市役所　1989年
『長崎県大百科事典』　長崎新聞社　1984年
『長崎の史跡(北部編/南部編)』　長崎市立博物館　2002年
『長崎歴史散歩』　原田博二　1999年
『長崎の碑(第1～12集)』　どじょうの会　1989年～2003年
『長崎市史(地誌編)復刻版』　清文堂出版　1981年
『わが町の歴史散歩(1)』　熊弘人　1993年
『神社ものしり帳』　長崎県神社庁　2000年
『日本史年表(歴史学研究編)』　岩波書店　1973年
『国語大辞典』　小学館　1982年
『仏教大辞典』　小学館　1988年
『長崎郷土物語』　歌川龍平　1952年
『明治維新以後の長崎』　名著出版　1973年
『長崎縣人物傳』　臨川書店　1973年
『長崎新聞に見る長崎県戦後50年史』　長崎新聞社　1995年
『隠元禅師年譜』　木村得玄　2002年
『長崎外国人居留地の研究』　九州大学出版会　1988年
『活水学院百年史』　活水学院　1980年
『時の流れを超えて-長崎国際墓地に眠る人々-』　長崎文献社　1991年
『時中長崎華僑時中小学校史文化雑誌』　編纂委員会　1991年
『長崎さるくマップブック』　長崎さるく博'06推進委員会　2006年
『長崎のチンチン電車』　葦書房　2000年
『長崎浜の町繁盛記』　浜市商店連合会　1983年
『中島川遠眼鏡』　宮田安　1977年
『九州の石橋をたずねて<前編>』　山口祐造　1974年
『旅する長崎・キリシタン文化(I～V)』　長崎県/長崎文献社　2006年
『光源寺の歴史「産女の幽霊」』　光源寺　1999年

<その他>
高田泰雄氏資料

<Webサイト>
長崎市　http://www.city.nagasaki.lg.jp/
長崎新聞社　http://www.nagasaki-np.co.jp/
慶應義塾大学　http://www.econ.keio.ac.jp/
二村一夫 著作集　http://oohara.mt.tama.hosei.ac.jp/nk/
鶴鳴学園　http://www.kakumei.ac.jp/
長崎県文化ジャンクション　http://www.pref.nagasaki.jp/bunrui/kanko-kyoiku-bunka/bunka-geijutsu/bunkajunction001/
国立国会図書館　http://ndl.go.jp/
カトリック中町教会　http://nakamachi.sakura.ne.jp/

著者プロフィール

山口 広助（やまぐち ひろすけ）

昭和45（1970）年	長崎市丸山町に生まれる
平成 5（1993）年	東海大学工学部土木工学科卒業
平成 5（1993）年	株式会社鹿島道路入社
平成10（1998）年	料亭青柳入社

<役職>

長崎歴史文化協会理事、佐古地区連合自治会会長、丸山町自治会会長、梅園天満宮総代、丸山町くんち奉賛会代表幹事、長崎四国八十八ヶ所霊場会幹事、NPO長崎コンプラドール理事 ほか

　地元丸山町では10年以上、自治会の役員を務め自治会の振興や梅園天満宮の再興に尽力。また、長崎観光の発展に寄与するため自ら「長崎ぶらぶら散策倶楽部」を立ち上げ、ガイドの育成や歴史講師などを精力的に行い、平成18（2006）年開催の「長崎さるく博'06」の市民プロデューサーも務めた。地元長崎の歴史風俗の研究家として、平成24（2012）年4月から長崎ケーブルメディア「長崎ぶらぶら好き」に長崎弁の案内人として、平成26（2014）年4月からはテレビ長崎「ヨジマル」、平成28（2016）年4月から長崎文化放送「トコトンハッピー」のコメンテーターとして長崎の歴史や魅力を伝えている。平成27（2015）年4月にはNHK「ブラタモリ」に出演し、長崎市街地を案内した。

　主な著作に、『長崎游学3 長崎丸山に花街風流うたかたの夢を追う』（長崎文献社／2007年）がある。

制作編集スタッフ

- ◆編集進行　髙浪利子
- ◆表紙（イラストも含む）・本文デザイン　山本志保
- ◆イラスト　髙浪高彰（長崎雑貨たてまつる）

Nagasaki Heritage Guide Map
長崎游学シリーズ⓬
ヒロスケ 長崎ぶらぶら歩き
まちなか編〜町に人あり、人に歴史あり

| 発 行 日 | 2017年1月16日　初版第1刷　2017年3月1日　第2刷　2017年5月1日　第3刷 |
	2018年2月15日　第4刷　2022年6月20日　第5刷
編 著 者	山口 広助
発 行 人	片山 仁志
編 集 人	堀 憲昭
発 行 所	株式会社 長崎文献社
	〒850-0057 長崎市大黒町3-1　長崎交通産業ビル5階
	TEL. 095-823-5247　FAX. 095-823-5252
	ホームページ https://www.e-bunken.com
印　　刷	オムロプリント株式会社

©2017 Hirosuke Yamaguchi, Printed in Japan
ISBN978-4-88851-273-2 C0026
◇無断転載、複写を禁じます。
◇定価は表紙に掲載しています。
◇乱丁、落丁本は発行所宛てにお送りください。送料当方負担でお取り換えします。

創業 寛永十九年

日本最古の洋間：春雨の間

ご婚礼、お祝い、
親しい方々のお集りに…
長崎の歴史ゆかしき
丸山の「宴」

史跡料亭 花月

【ご予約・お問合せ】
長崎市丸山町二番一号
電話(〇九五)八二二-〇一九一
http://www.ryoutei-kagetsu.co.jp

料亭 青柳

うなぎ料理
卓袱料理
会席料理

長崎丸山
電代(823)二二八

青柳ホームページ　http://www.maruyama-aoyagi.jp/

醫王山 延命寺

長崎市寺町3-1 〒850-0872
TEL 095-822-0378

高級果実から旬のフルーツだけでなく
おいしいフルーツジュースまで、さらに充実の品揃え!!
もちろん品質にも自信あり!! 新しい近金果実店へは是非ご来店ください!!

住まいに関するお困りごとがございましたら、
何でもお気軽にご相談ください!

FRESH FRUITS
近金果実店

〒850-0873 長崎市諏訪町7-6
TEL：095-822-3442
FAX：095-823-2618

TOTOリモデルクラブ加盟店

快適な生活環境づくりを目指す
武藤建設株式会社

〒852-8107 長崎市浜口町14-10　TEL 095-845-3175 FAX 095-845-3177
【E-mail】mutoh-k@mutoh-k.co.jp　【HP】www.mutoh-k.co.jp

皆様にご好評いただいております。

長崎北店　(0570) 096-180
長崎市大橋町10-22　◆営業時間／AM11:00〜PM10:00　(受付時間) AM10:00〜PM10:00
長崎丸山店　(0570) 096-185
長崎市寄合町2-15　◆営業時間／AM11:00〜PM10:00　(受付時間) AM10:00〜PM10:00
福岡吉塚駅前店　(0570) 096-443
福岡市東区馬出1-2-21　◆営業時間／AM10:00〜PM10:00　(受付時間) AM9:00〜PM10:00
春日店　(0570) 096-206
福岡市博多区光丘町2-2-20　◆営業時間／AM10:00〜PM10:00　(受付時間) AM9:00〜PM10:00
石丸店　(0570) 096-357
福岡市西区石丸3丁目27-14　◆営業時間／AM10:00〜PM9:00　(受付時間) AM9:00〜PM9:00

釜寅 宅配御膳
長崎北店　(0570) 095-180
長崎市大橋町10-22　◆営業時間／11:00〜21:30　(受付時間) 10:00〜21:30
長崎丸山店　(0570) 095-185
長崎市寄合町2-15　◆営業時間／11:00〜21:30　(受付時間) 10:00〜21:30
福岡吉塚駅前店　(0570) 095-002
福岡市東区馬出1-2-21　◆営業時間／10:00〜21:00　(受付時間) 9:00〜21:00
春日店　(0570) 095-206
福岡市博多区光丘町2-2-20　◆営業時間／10:00〜21:00　(受付時間) 9:00〜21:00
石丸店　(0570) 095-357
福岡市西区石丸3丁目27-14　◆営業時間／10:00〜21:00　(受付時間) 9:00〜21:00

●注文について　メニュー表をお持ちでない方は、お電話いただければ、スタッフがお持ちいたします。インターネットからもご注文できます。
●配達エリアもご確認できます。　銀のさら　検索

いい水と暮らそう
CreCla クリクラ

愛されて、100万人の宅配水。
クリクラは、みんなにおいしく安心・
安全な宅配水です。

「クリクラ」は、極限までろ過したキレイなお水に、ミネラル成分を
バランスよく配合したまろやかなお水（軟水）です。これからは、
"あなたの町のお水屋さん"としてお役立て下さい。

只今無料お試しプラン実施中!

「クリクラ」に関する
お申込み・お問合せは　クリクラ稲佐山
(本田商會株式会社 クリクラ事業部)

0120-005-173　FAX0957-47-9888

クリクラ稲佐山　検索

地域、社会の明日をつなぐ
 本田商會株式会社
高圧ガス｜溶接機材｜産業機器

◆ご注文は

 0120-23-7542

FAX 095-823-7546
http://www.butaman.co.jp/

伝統の長崎染

㈲近藤染工場

長崎市高平町三一一
電話（〇九五）八二一一二九一八
FAX（〇九五）八二一一六二八二

元気ぶらぶら！！ ヒロスケ長崎歩き

東海大学学園校友会長崎県校友会
後援会・白鴎会・同窓会長崎支部　一同

㈱小笠原

事務局／長崎市岩見町31-1-2F

長崎県知事許可(般-2)第14213号
長崎県知事許可(般-3)第14213号
モールテックス施行店

株式会社　山一建設

〒850-0852
長崎市万屋町 5-33-401
TEL 095-822-6300
FAX 095-801-1081
info@yamaichi.design

「長崎ヴェルカ」
サポートカンパニー

YAMAICHI

詳細・申込は…
かわち家 検索
095-882-6300

かわち家 河内隆太郎

チンドン大冒険
〜ボクがチンドン屋になった理由(わけ)〜

初の自伝本 絶賛販売中！

幸せな電気が、未来を繋いでいる。

長崎電気株式会社

船舶電装設備　建築電気設備　給排水衛生設備　空気調和設備

〒850-0936 長崎市浪の平町1-35
TEL:095-822-3164　FAX:095-821-7078
http://www.nagasaki-denki.co.jp